领导碳基世界的我，
觉悟硅基世界的我。

——薛庆丰

企业掌舵人的觉悟
——三叶草领导力

薛庆丰 著

中国纺织出版社有限公司

内 容 提 要

本书不是一本传统意义上的工具书，而是当企业发展遇到困境时为企业掌舵人提供指引的指导书。本书共分上、中、下三篇，上篇自我突破，主要从无知之知、处理无知、共享自处、创新改革、传承迭代五个维度进行阐述；中篇利他导向，主要从客户、团队、行业、社会、系统五个导向进行分析；下篇商业动态平衡，分别阐述了价值链锚、市场定位、商业模式构建、共利联盟、商业生态平衡等方面的内容。本书旨在通过让企业掌舵人自省其商业领导行为而寻求思维的突破与企业的再次腾飞。

图书在版编目（CIP）数据

企业掌舵人的觉悟：三叶草领导力 / 薛庆丰著 . 北京：中国纺织出版社有限公司，2025. 1. -- ISBN 978-7-5229-2292-8

Ⅰ. F272.91

中国国家版本馆 CIP 数据核字第 20247B6B17 号

责任编辑：史　岩　　责任校对：寇晨晨　　责任印制：储志伟

中国纺织出版社有限公司出版发行

地址：北京市朝阳区百子湾东里A407号楼　邮政编码：100124

销售电话：010—67004422　传真：010—87155801

http://www.c-textilep.com

中国纺织出版社天猫旗舰店

官方微博 http://weibo.com/2119887771

天津千鹤文化传播有限公司印刷　各地新华书店经销

2025年 1 月第 1 版第 1 次印刷

开本：710×1000　1/16　印张：13.25

字数：192千字　定价：78.00元

作者介绍

薛庆丰

Javelin Xue

独立顾问，长期在领导力发展领域从事咨询、教练、培训工作。

IBM 特聘领导力发展顾问，亚西澳利心理学家出版社（App）认证 MBTI® 国际授权导师及教练，澳洲 GENOS 认证情感智能导师，上海交通大学特聘企业大学培训体系管理主题课程导师，中山大学特聘 MBA 职业发展教练。

曾为众多企业提供领导力发展咨询服务，其中 2008—2023 年连续 15

年，作为外聘顾问为海尔集团提供服务，2018 年获海尔大学颁发十年影响力名师奖。

曾在《环球人物》杂志社主办的中国首届管理教育云峰会出任专家顾问，曾出版《培训课程设计》教材，在《培训》等专业杂志发表影响深远的论文。

曾先后担任麦当劳、美国国际集团等企业培训经理和资深学习与发展顾问等职务，自 1996 年起正式从事商业管理咨询。

推荐序一

我与庆丰是在2008年认识的。那时候，我们俩在IBM的领导力发展顾问团队，向正在变革管理中的海尔集团提供咨询与学习发展服务。日常的项目实施工作就在青岛的海尔大学园区内。结束工作后，我们常到住处周边的小店吃饭和交谈。我们谈读书，谈讲书，谈写书，当然还会谈到企业经营与管理。当时，我们是专业上的顾问、导师、搭档。互相学习是必要的，一方面共同向客户学习，另一方面向对方学习。我们彼此越互相了解，越可以产生互补的增值合力。有了这些深度交流，有了这些成功合作，我确信庆丰懂企业经营管理，懂企业掌舵人，懂企业发展的持续改善之道，懂企业领导团队的动态成长。

企业掌舵人的工作看似风光，其实相当不易。尤其，在当下经济环境与国际关系不确定之际，这种挑战更大。对于我国的企业领导者摸索经营管理之路，就类似于群盲摸象。各有各的体会，各说各的道理，而且确实有理。如果探索者有机会睁大眼睛看到大象全貌，甚至了解到大象的骨骼系统、循环系统等内部结构，或许仅依赖摸的偶然性而成功的概率会得到提高。这种立足企业领导者的系统解读，就是本书的主题。此书建立了一个贯穿全书的模型，而这个模型的构建是符合中国传统的系统思维方式的。解构这个模型的每一组成部分，欧美先进的管理思想又被融入其中。本书的主题，就是融会贯通各种有效管理经营思想的载体。

多年从事与读书相关的工作，我们发现人们读书通常有个习惯，就是关注自己是否读过了某本书，而不太关注自己是否读对了某本书。所谓读过，是指完成了通读；所谓读对，是指读这本书的方法合适。所以谈到这个话题，主要因为这是一本工具书。字典就是工具书的一种，我们拥有并使用字典，不在乎读过用过，而在乎读对用对，而且反复用，需要就用。这本书涉及企业掌舵人的觉悟：不同阶段读，会有不同启发；与不同伙伴共读，会有不同作用；面对不同困难，选对应篇章阅读就行，不一定要全书读完；读的次序也以不同需要而定，并没有必由之路。如果对阅读方法疑惑，可以参考正文前的阅读指引。

本书并不能给读者解决企业问题的具体方案，但可以提供系统性结构性的思路。这对于明确方向、形成共识相当重要。尤其在领导团队中共读讨论，对于形成共同思维方式认识，达成共同行为标准判断，能产生调频统一的效应。所以本书的效用不同于字典，字典的作用在于提供结论答案，本书的作用在于促成过程同频。而且，本书适宜反复用，在不同的情境中用，与不同的人一起用。甚至，选取批判的眼光与方式，来与领导团队的伙伴一起阅读，只要大家统一了不认同的那些观点或思路，认识调频的效应也就达到了。本书的作用，就体现在大家共同运用了书中的概念、勾联、思路，或者视角，或者思维结构等。

代序篇幅有限，欢迎读者们来读书会交流、探讨，指正此书的方方面面。

樊登

帆书 App 首席内容官

2024 年 2 月于北京

推荐序二

领航在变局中——向中国企业掌舵人致敬

在全球化的浪潮中，我们所处的经济环境日益复杂多变，每一次变局都对企业的掌舵者提出了新的挑战。人口红利的消减，消费增速的放缓，产能过剩的局部问题等一系列挑战，紧紧地牵动着每一位企业领导者的心。如何引领企业稳健发展，如何在波诡云谲的商业海洋中找到新的航线，成了每个企业掌舵人必须思考的问题。

在这个充满机遇与挑战的时代，中国企业掌舵人这一群体展现出令人敬佩的勇气与智慧。他们在变革大潮中不忘初心，坚守企业的使命和愿景，不断自我探索，寻找适合自身和企业发展的道路。然而，在这条探索的路上，许多人是独行者，在快速变化的市场环境和激烈的竞争中，克服重重险阻艰难前行。在这样的环境下，他们需要更多的理解、支持和同行者的陪伴，在理念上进行相互碰撞，在能力上相互支持，共同学习成长。

此时，企业掌舵人群体持续前行需要坚定信心。这种信心既来自对国家宏观政策的信任，也来自中国企业积累的丰富经验和不断的创新探索。我们常说，在危机中寻找转机，在变革中把握机遇。而薛庆丰先生的新作《企业掌舵人的觉悟——三叶草领导力》一书在这个关键时刻为企业家们点亮了前行的路。通过共读《企业掌舵人的觉悟——三叶草领导力》，企业家们可以学习如何更好地与自我、他人和生态环境相处，进而共同克服挑战，寻求发展。

薛庆丰先生在书中通过深刻的洞察和丰富的案例分析，提出了如何构建这样一个支持性网络的思路和方法。他呼吁企业领导者们，应该更加开放地交流自己的想法和经验，通过分享和合作来加强彼此之间的联系。这不仅能够帮助他们减少孤独感，还能够提升整个企业乃至行业的竞争力。

作为一位在领导力发展领域深耕多年的资深咨询师，薛庆丰先生的丰富经验和深入洞察让他在同行中独树一帜。在与客户的互动中，他总能以轻松幽默的方式，通过一系列生动形象的小故事，将复杂的理念简化为易于理解的智慧。他的语言不仅风趣，而且能给人以启发，使抽象的管理原理变得鲜活，让人们在轻松中获得深刻的领悟。

然而，薛庆丰先生的风趣并不掩盖他理性严谨的思维方式。他的直言不讳与敢于质疑的态度，使他在咨询领域声名远扬。他不畏惧深入问题的本质，总是带着一种打破砂锅问到底的好奇心，以及探寻真理的勇气。正是这种精神，让他在为企业提供咨询服务时，总能挖掘问题的核心，帮助企业找到最佳的解决方案。在他看来，真正的领导力是对自己、对团队、对环境深刻洞察和精准应对的能力。这种能力的培养并非一蹴而就，而是需要不断地学习、实践和反思。

在《企业掌舵人的觉悟——三叶草领导力》一书中，薛庆丰先生巧妙地将他的专业知识与中国传统文化相结合，创造出“三叶草领导力模型”。这个模型以其独特的视角和实践价值，成为本书的核心内容。它融合了“见自我、见众生、见天地”的哲学思想，为企业领导者们提供了一个全新的思考框架，指导他们在企业发展的每一步都能保持清晰的方向和自觉的觉醒。“三叶草领导力模型”由三个核心部分构成：与自己相处、与他人相处、与生态相处，这三个核心部分构成了领导力发展的基础。

首先，“与自己相处”的内涵是指掌舵人需要有深刻的自我认知和自我管理能力。领导力的第一步就是对自己负责，了解自己的长处和短板，对自己的情绪、行为和决策进行管理。这不仅要求领导者对自己有诚实的评价，还要求他们能够自我激励，不断学习和成长。

其次，“与他人相处”关注的是领导者与团队成员之间的互动。领导者需要建立有效的沟通机制，培养团队合作精神，激发团队成员潜能。在这个过程中，领导者要能够倾听、理解并尊重不同的意见和观点，同时也要能够清晰地传达自己的愿景和期望。

最后，“与生态相处”则扩展了领导者的视野，要求他们考虑企业与外部环境的相互作用。在这个层面上，领导者需要考虑企业与社会的互动，与环境互动的可持续性，以及企业在更广泛生态系统中的角色。

总之，在这些企业家的心路历程中，他们不仅要与自己相处，不断提升个人能力和素质，还要与团队成员相处，构建高效协同的团队文化，更要与生态相处，考虑企业的长期可持续发展。这三个核心部分并非孤立存在，而是相互联系、相互作用的。一个有力的领导者需要将这三者紧密结合在一起，这样才能使企业在不断变化的市场中保持稳定发展。

在合作和交流中，薛庆丰先生与我共同见证了中国企业在国内和国际舞台上的蓬勃发展。我们也深感企业领导者在这个过程中的艰辛与孤独。因此，我们努力在培训和咨询中为这些领导者提供交流和学习的平台，帮助他们在提升领导力的道路上不断前进。

在与薛庆丰先生的合作中，我们共同完成了多个里程碑式的项目。我们的相识始于2002年我还在宝洁公司负责中国区的培训发展时，那时他已经是领导力培训领域的佼佼者。自那以后，我们共同本地化了AACTP国际认证课程，合作出版了培训经理认证的视频教材，并引领国内培训机构向内训及咨询服务的深化转型。在我们的合作中，薛先生不仅展现了他在领导力发展领域的专业能力，也体现了他对行业的深刻理解。例如，在我们为深圳欢乐谷主持完成服务标准建立项目的过程中，薛先生的专业素养和领导力得以充分展现。他的努力不仅推动了主题公园的规范化发展，还为整个服务行业树立了典范。他的专业精神体现在对每一个细节的关注，对每一次服务的完善。在企业管理的咨询项目中，他总是力求达到最高标准，不断地优化和改进，确保为客户提供最优质的服务。随着时间的推移，薛先生始终以他精益求精的工作态度和深厚的专业知识，持续赢得了同事、同行和客户的尊敬与信赖。他在咨询领域的深耕工作，不仅帮助企业解决了众多棘手的问题，也为整个培训咨询行业的发展作出了应有的贡献。多年的共事及交往，我深刻体会到薛庆丰先生不仅是一位理性严谨的咨询师，更是一位精益求精的专业人士和人生路上的诤友。他的专业精神和对真理的追求，在《企业掌舵人的觉悟——三叶草领导力》这本书中得到了完美体现。

回想2004年游学香港中文大学畅想未来时，我们曾展望共同携手撰写一本有益于中国企业管理的书籍。今日读到薛先生的这部著作，心中波澜激荡，颇有“焉知二十载，重上君子堂”的感触。当年的梦想，如今已跃然纸上，既是他个人的成就，也是我们理想的实现。

薛先生的书不仅实践了我们的承诺，而且用其深刻的见解为企业领导者指明了方向。《企业掌舵人的觉悟——三叶草领导力》不仅是一本理论与实践相结合的工具书，也是一份精神传承和智慧分享，更是一次领导力修炼的精神旅程。在本书中，薛先生的智慧与经验得以充分体现，为企业领导者提供了坚实的理论支撑和实用的操作指南。通过对书中内容的学习和实践，每一位读者都将在自己的领导之路上走得更远。

在此，我向您推荐这本书，不仅因为其卓越的理论价值和实践意义，更因为它体现的是一种力量：在波涛汹涌的商业海洋中，每一位企业领导者都不再是独行者，而是笃信“长风破浪会有时，直挂云帆济沧海”同行者。

衷心感谢薛先生在本土化领导力发展领域作出的杰出贡献，期待您在阅读这本书的过程中，找到自己的同路人，并与他们共同成长。

张伟钢

前光辉国际（Korn Ferry）咨询业务中国区董事总经理

2024年2月于中国香港

自序

从历史观的角度，作为商业组织的企业，每一刻都在积累，推动着迭代的发展。而对于个人的迭代发展，有两个不同的概念：一个是生物性的，另一个是社会化的。前者，众所周知；而后者，则涉及人生下半场。

“人生下半场”，是由美国班福德电视公司董事长鲍伯·班福德（Bob Buford）在其著作中提出。他指出，社会化的人生类似于许多体育比赛，有上下半场之分。而人生的上下半场，不是以时间来区分，是由状态来区分。人生上半场，是为了“成功”而存在；人生的下半场，是为了“意义”而存在。“成功”之所以要加上引号，是因为那是由他人定义的，由社会给个人定义的。比如，完成社会公认标准的学历，获取社会公认的财富水平，等等。而“意义”，则是由当事人根据人生上半场的积累沉淀，由自己来定义的，最大化地重新反作用于社会。比如，成功后的姚明的确有权利与自由从事举重运动。倘若真是这样，那必定不是适合他人生下半场的意义。因为以他的身高从事举重运动太吃亏了，更重要的是浪费了他的积累与沉淀的影响力。他应该继续从事篮球事业，这才是他的意义。否则，专属于他的社会化人生下半场就还没开始，只是停留在上半场。随着时间的推移，那只会原地踏步，甚至退步。之所以以姚明为例，并无不尊重的意思，而是因为他著名，而且他的优势及积累的资源显而易见。

然而，对于多数人，这个“意义”并不易见，并不容易找到。尤其对于企业掌舵人：一方面，这必定是自己才了解，才可能解答的；另一方面，这又是涉及他人，涉及自己领导的商业组织，涉及社会。

企业掌舵人，就是企业的一把手，就是对企业经营、管理、发展、投资回报的第一负责人。企业掌舵人，可以是法律上的企业主，可以是职业上的经理人，可以是投资上的股东，可以是家族企业指定的接任人，等等。共性就是企业掌舵人须向董事会直接负责，哪怕董事会主席还是他本人。

对很多企业掌舵人来说，开启人生下半场，是要寻求现实与理想之间的通道。根据我们的调研数据，从追求成功到追求意义的理念，往往已经被那些不能实现再次腾飞的商业组织逐渐淡忘。

追求属于自己定义的成功，就是建立意义的过程。强调一下，是过程而不是结果。持续觉悟，以今日之“是”非昨日之“非”，这个过程企业掌舵人要应对的真正的挑战。

阅读本书，读者将借鉴某些蜕变后的企业掌舵人的独特经营理念和作为，学习如何带领团队走向再次腾飞。这些成功，首先来自企业掌舵人思维的改变，进而推升心智的突破。

回顾人类发展历史，同样可以印证企业掌舵人的觉悟之路，对开启人生下半场具有重要意义和作用。

2019 年诺贝尔经济学奖得主阿比吉特·班纳吉和埃斯特·迪弗洛，参照同伴历经 20 年的对照试验，发表了《贫困的本质》，他们发现人可持续成功的理想线，不是直线，而是 S 曲线增长。可持续发展的关键，藏在人认知成长的过程中。同理，个体或商业组织会因为认知的局限，导致“认知突破的障碍”，成为压死骆驼的最后一根稻草，致使公司进入衰退无法上升。对幸福实验组的一项有科学依据的发现：只有意识到人生的意义，进而产生觉悟，才能抓住机会开启成功人生的下半场。

综上所述，令千万人羡慕的企业掌舵人并不好当。他们面临着双重挑战：第一，尽管企业也有生命周期，但如何使企业在自己手上续航迭代发展，是自己对商业组织的天然使命；第二，中国正经历百年未有之大变局，在全球化的时代背景下，如何透彻地认知自我，进而及时自处，以实现自身意义，是无法逃避的责任。许多企业掌舵人或者刻苦修炼自己，或者高薪聘请代劳者，或者频繁地跟随市场调整对策，结果多是收效甚微。

企业走过的路，从零到十，是不同于从十到百的。从零到十，靠机会，靠能人；从十到百，靠系统思维，靠系统思维带动的系统运作把控，靠系统运作把控而提高成功的概率。

为探索企业掌舵人的觉悟之路，本书基于长期分析，实践与设计，以中国特色的传统思维模式，运用欧美管理理论工具，结合构建成模型体系，明确地为“在寻觅路上”的企业掌舵人提供一套可以对照和践行的指引系统——三叶草领导力模型。

这是一本工具书，对企业掌舵人可以起到索引指向的作用。本书虽然不能给予各位企业掌舵人所领导的企业针对性的方案，但对于当下所处困境所属的瓶颈类别、方向及实践操作会有指引作用，甚至对解决当下瓶颈之后可能出现的后续动态瓶颈，有前瞻性分析。这好比在医院挂号看病前的导诊咨询，虽不能给出最终药方，但对应该选择挂什么科，选择什么医生，大概经过什么流程的医务服务等，会给予索引性质指导。这很重要，能提高就医效率，降低成本消耗。这本书，值得企业掌舵人在反思、迷惑的时候，在寻觅与判断瓶颈的时候，在寻求思路突破的时候，反复阅读。

薛庆丰

2024 年 2 月于广州

前言

图 1 的三叶草模型中，三个背景圆，分别代表“与自己相处”“与他人相处”和“与生态相处”（不分先后次序）。不同的人生，都需要面对以上三个课题。或许，不同的人，这三个背景圆的半径会有所不同（半径代表权重）。但这三个圆在中间的交集，就是本书的主题——觉悟领导力。用传统的中国思想来解释，觉悟领导力是实现了见自我、见众生、见天地这三者的结合。

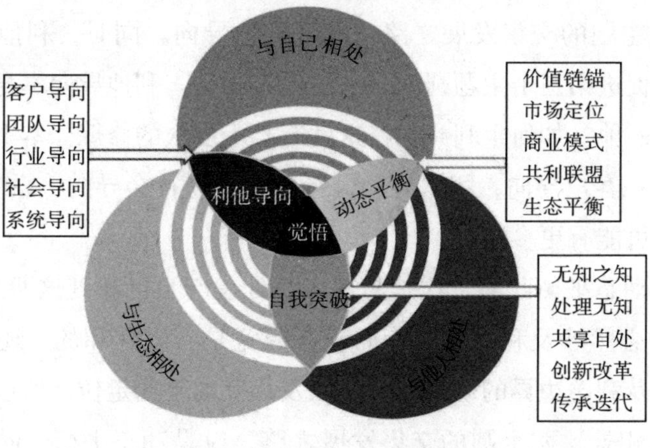

图 1　三叶草领导力模型

普通人需要三者合一，企业掌舵人更需要三者合一。企业掌舵人如若只在某一个或两个圆中修炼，让企业再次腾飞是很困难的。因为都可能出现各种准备不足状况，例如，企业掌舵人思想局限或不被理解，同盟者缺乏动力或不能形成合力，组织策略定位失当或错过时机等情况。由核心交集的觉悟领导力，延伸出来的三个叶瓣形的修炼方向，分别是自我突破、利他导向和动态平衡。叶瓣的三个方向，既是两个圆的交集，也是与第三个对应圆，存在反向推动的关系。

首先来看自我突破叶瓣。这是与生态相处＋与他人相处这两个圆的交集：这两个相处的主题，都是自我小宇宙以外的界域。自我要避免完全被动，把握主动，当然首先得自知自处，也就是实现自我突破。所以，与生态相处、与他人相处这两个圆的交集发展之路，应是自我突破。同时，自我突破叶瓣方向，反过来促进第三个主题圆圈——与自己相处。自我突破本身，探讨盲点所在，如何克服，这就有若干层次的修炼。本书介绍 5 个层次（分别是：无知之知，处理无知，共享自处，创新改革，传承迭代）。在现实应用中可能有更多层次。

再来看利他导向叶瓣。这是与自己相处＋与生态相处这两个圆的交集：个人在生态中是微小脆弱的，犹如一滴水容易干枯，必须融入江河才可能保存。此理与“人人为我，我为人人”共通。所以，与自己相处＋与生态相处这两个圆主题的交集发展之路，应是利他导向。同时，利他导向叶瓣方向，反过来促进第三个主题圆圈——与他人相处。利他导向本身，探讨谁会是“利他”的他？如何生利共利？这就有若干层次的修炼。本书介绍 5 个层次（分别是：客户导向，团队导向，行业导向，社会导向，系统导向）。在现实应用中可能有更多层次。

接着看动态平衡叶瓣。这是与他人相处＋与自己相处这两个圆的交集：这两个相处必然涉及利益主题。而利益究竟是有限零和的，还是无限开源的？这就涉及利益边界的动态划分，以及相互的平衡定位。所以，与他人相处＋与自己相处这两个圆的交集发展之路，应是动态平衡。同时，动态平衡叶瓣方向，反过来促进第三个主题圆圈——与生态相处。动态平衡本身，探讨边界动态，还有边界内的相互均衡定位。这就有若干层次的修炼。本书介绍5个层次（分别是：价值链锚，市场定位，商业模式构建，共利联盟，生态平衡）。在现实应用中可能有更多层次。

利他导向，自我突破，动态平衡，这三个方向的修炼，各有各的层次深度，并不一定是相互关联的。这就好比是，构成雷达图的投射状态一般。而三个方向的修炼次序，也因人而异，同一人还可能因时或者因境而异。

不同的人生，尽管经历有差别，但是都必须面对这三门课：与自己相处，与他人相处，与生态相处。企业掌舵人面对的困境，多源自贪、痴、嗔。

苏格拉底认为，智慧包括了解自己认知的局限性，这被称为“苏格拉底式无知之知”。用拉姆斯菲尔德的话来说，就是“意识到已知的未知”。一把钥匙，只开一个门。思想的差异，影响着不同的企业掌舵人的人生，以及商业组织的不同发展之路。

人生意义对于自己，就在于生存发展中的觉悟。觉悟包括对自己、对他人、对生态这三个方向。懵懂人生难免愚钝，觉悟是人生意义所在。企业掌舵人的觉悟，还必然影响着他领导的商业组织的前路。

觉悟是一种觉察与领悟的心智状态。觉悟本身并没有必由之路，而且达到的途径因人而异。人们围绕通达觉悟，而在知与行间实施的尝试，练习和积累，称为修炼。觉悟在于心智上明性，修炼在于行为上循律。修为以行制性，悟道以性施行；炼者以律节心，觉者由心生律。通过修炼，催化知行合一，以及在知行合一前提下的知行同频发展进步，从而提高自身觉悟。

以上陈述，是用以应对企业掌舵人在之前（作者自序）所说的第二挑战，即通过修炼觉悟领导力，来寻找并实现自己人生下半场的意义。以个人的觉悟领导力为起点出发，向商业组织系统思维发展，道理是相通的，可用作应对企业掌舵人的第一挑战，即推动商业组织在自己手上续航迭代发展的指引。

可能，读者会问：既然企业掌舵人对组织的使命排第一，个人的意义排第二，那为何介绍模型的内涵，却先陈述企业掌舵人的觉悟领导力，后陈述商业组织发展的系统思维?

本书回答是简单明确的：在影响商业组织再次腾飞的已知的、可干预的瓶颈因素中，企业掌舵人因素排在第一位。如果第一因素不解决，就去处理商业组织的其他系统问题，必然会事倍功半。当然，这里如此陈词，是以排除未知因素，排除不可干预因素为前提的。

薛庆丰

2024年2月

【阅读指引】

此书应该怎么读？笔者建议，读三遍：第一遍，按照导读指引，即按照各篇的【开（卷、篇）旨趣】+【篇跋回甘】次序通读全书；第二遍，结合企业实际运营工作，选取对应内容精读篇章，做出各种思辨甚至质疑；第三遍，甄选与自身密切合作的相关工作者，可能是读者的接班人，可能是读者聘请的高管，也可能是读者的咨询顾问或教练等，脱离本书导读指引，根据读者自己的觉悟与理解，由读者做出新的导读指引，带领他们研讨式地阅读本书。

希望本书成为企业掌舵人的枕边书，每遇到企业困惑，每当居安思危时，就拿出来翻翻。

【开卷旨趣】

觉悟领导力的修炼很重要，但其修炼之路的先后次序、选择与结果，并没有一个标准状态。

我们来看以下例子：

在平面几何学里两点之间，最短的是直线。这是一个标准状态。

在物理学中，两点间，质点球最快捷的通道不是直线，而是这两点间的一条摆线。因为，最短不等于最快。这个问题，是由伽利略于1630年提出，66年后由瑞士数学家约翰·伯努力花了很长时间研究，才做出数学解答的。然而，物理学家牛顿首次思考这个问题时，仅用了半个下午，就做出了准确的解答。这条摆线又被称为旋轮线，或者叫最速曲线（见图2的直线与摆线比对）。

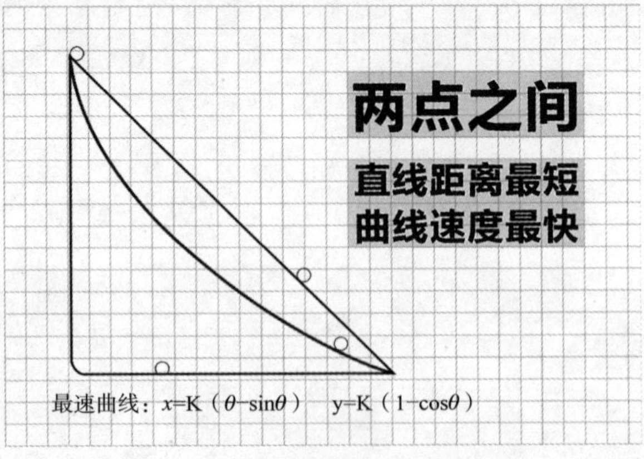

图2　两点之间，直线距离最短、曲线速度最快

但在现实中，两点间最顺畅的通道，既不是直线线段，也不是最速曲线，而是阻力最小的通道。

三叶草领导力模型虽然明确指出了觉悟领导力修炼的三个方向：自我突破、利他导向、动态平衡，以及三个方向上的不同深度和层次，可是，每一位企业掌舵人的背景不同，追求不同，处境不同。各种不同，犹如每条河流形成时的参数不同，因而形成了不同的河流。企业掌舵人的这些各自差异，就会使每一位企业掌舵人的觉悟领导力修炼之路都是独特的。独特之处，可能在于三个不同方向修炼的次序不同，每一个方向须修炼的深度又不同，三个方向修炼层次所得的组合不同。这好比各自独特的雷达图，因人而异，同一人还可能因时因境而异。

觉悟领导力三叶草模型的指引作用，是企业掌舵人率领商业组织实现重生，再次腾飞的领导力密钥。

目录

上篇　自我突破

中篇　利他导向

下篇　商业动态平衡

上篇　自我突破

【开篇旨趣】

如前文所述，影响商业组织实现再次腾飞的众多瓶颈因素中，企业掌舵人排第一位。虽然，自我突破尤为重要见图 1，可是，这又非常困难。现实中，极少数企业掌舵人能认识到，自己是阻碍企业再次腾飞的主因载体。

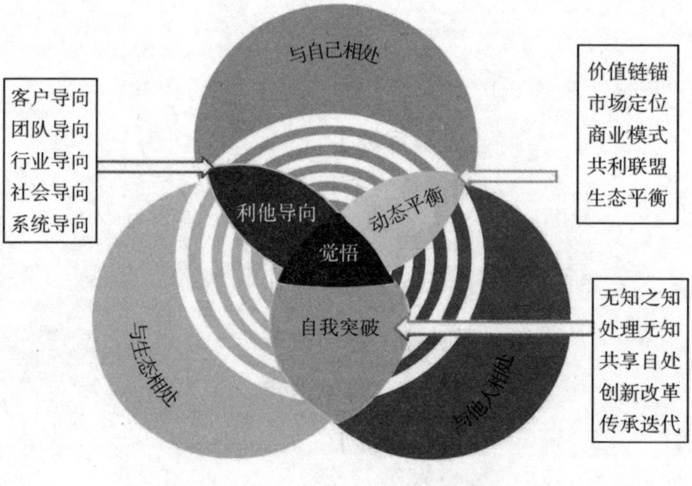

图 1　三叶草领导力模型之自我突破

这得从盲点认知开始。每个人都有盲点，而盲点是不自知的。如果能自知，就不是盲点了。意识到自己有盲点，是常识，而看到且看清自己的盲点，则必须通过自己以外的途径。

企业掌舵人的身份，注定孤独且责任大。企业掌舵人要寻求自己以外的手段方式去客观解读自己，成为无知之知的关键。

达成无知之知，仅是自我突破的起点，这是远远不够的。接下来，便是处理无知。如果不自处，那自知无知，就可能走向逃避或无视的方向。处理无知是要有勇气与行动的。

而这种处理，还只是个人自处层面。一旦这种自处从个人推进到了商业组织层面，就开始了共享自处阶段。这其实是商业组织创新的核心动力来源，一般企业掌舵人是不容易达到这种境界的。

企业创新进步，有两种方式：改良与革命，合称改革。改良，是在原有基础上优化改进。革命，是否定原来的基础，推倒重来。两种方式的合力，孕育着创新。创新，资本是充分条件，人本是必要条件。创新改革，带来人属性中思与行的发展，也带来事属性中行与果的发展。

这样，传承迭代在人与事的层面，就得到实现。当下，国内众多商业组织正面临巨大的市场环境的改变，企业中人与事的传承迭代，犹如生物面临自然环境巨变时所表现出的适应性，是一种必然的选择。传承，保持了确定性，是稳定与安全的基础；迭代，带有不确定性，是机会与发展的介质。

从无知之知，到处理无知，到共享自处，到创新改革，到传承迭代，再到无知之知，是自我突破的周期循环。这个循环，跨越了个人、商业组织，还有系统生态。最关键的载体，就是企业掌舵人本人。自然中生命是有周期的，社会中的企业也是。企业组织的传承迭代，能自我突破的企业掌舵人是核心载体。

第一章　无知之知

一、沟通视窗
二、心理独行
三、即时满足
四、自我迷恋
五、把握可以把控的
六、形成合力的同盟

一、沟通视窗

心理学家鲁夫特与英格汉提出的周哈里窗（Johari Window），又称沟通视窗模式，如图 1-1 所示。该模式表明，人的认知可以分为四个象限：自己与他人都知道的区域，称为公开象限，这是大家共识的部分；自己与他人都不知道的区域，称为潜能象限，这是本书希望推动读者开发的部分；自己知道而他人不知道的区域，称为隐藏象限，自己可以选择公开或不公开，也分别会带来好处与坏处；他人知道而自己不知道的区域，称为盲目象限或盲点，这是每个人都有的，而且是可能通过自己以外的途径被认知的。

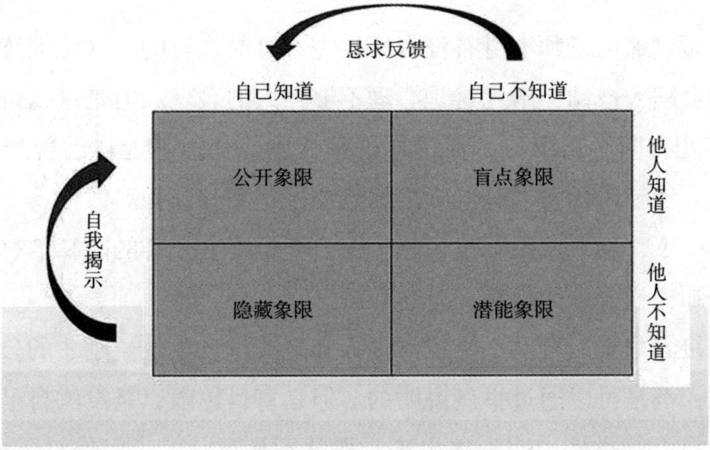

图 1-1 沟通视窗模型

首先我们来谈谈公开象限。公开象限就是自己知道，他人也知道的情况。举个例子，我们要达到的工作目标，包括我们的财务指标，我们的规则纪律等，这些都是公开象限的信息。关于这个公开象限，值得注意的有两点：一是公开象限面积越大，人与人相处越简单，这是所谓的信奉理论；二是公开象限面积越小，自我的保留余地就越多，这就是所谓的在用理论，但人与人之间的相处就会困难。对于在用理论的状态，自己可以尽量少地被公众认知，可能是相对安全感较高的状态。这可能谋求独立的自身利益最大化，而与他人的相互公众利益，则可能因此会大打折扣。

我们再谈自己知道而他人不知道的这个象限。准确地讲，这个象限称作隐藏区，而不该称作隐私区。隐藏是包含了隐私信息的，以及其他属性的信息的。隐私有什么样的特点？隐私的特点就是公开了，对自己很被动，没有什么好处，比如我们的银行卡密码等。

但是有没有一些事，我们公开了，可能是有好处的呢？再举个例子，一位训练新讲师的老师，在新讲师的成长路上分享过，自己刚开始做新讲师时也常胃疼。胃疼是什么意思？不是没吃饭或者吃得太多肠胃负荷过大，而是心理压力大。那位老师向新讲师分享了，自己是如何自我突破，走出讲课前的胃疼的。

这么做对那位老师本身有没有坏处呢？可能是有的，这位训练新讲师的老师可能会陷入被动，毕竟这是心理不够强大的表现。但是这么讲有没有好处呢？好处有两个：第一，促进新讲师快速成长，不走自己曾经走过的弯路；第二，使新讲师与训练老师之间建立了尊重和信任。

小结一下，隐藏象限不仅包括了未公开但不宜公开的隐私信息，还包括了未公开却适宜公开的信息。

我们接着来看，自己不知道而他人知道的盲目象限。刚才的公开象限与隐藏象限，都是可以通过举例说明的。但是盲目象限，是没法自己举例说明的。因为自己能举例说明表述出来，那就不是盲点了。但是对于盲目象限，通常值得大家探讨的是，有什么途径能够知道自己的盲点？

了解盲点的途径，一定不是仅通过自己。因为如果仅通过自己就可了解到，就不会称作盲目象限了。

透视盲点，通常有三个途径：第一，通过他人的视角，当然这个他人的选择是有讲究的，要么选择多个维度的若干个他们，要么选择与自己有特别关联的他人，可能是对立面，也可能是历史上自己的前任，等等；第二，通过系统工具的视角，比如测评工具等，这么做的好处是系统而不遗漏，缺点是机械而程序化，容易忽略该系统以外的因素；第三，通过集体历史回望反省反思复盘，比如当时看不明白的事情，后来回望，以谁因当时的情况而在后来获得利益最多为线索，往往可以剖析破解当时事情的本质。然而，第三种途径的代价就是付出时间与可能失去当时的机会。

企业掌舵人也是人，自然会有盲点。认识到并承认盲点存在，是基本的常识与素养。而企业掌舵人身份特殊，选取破解盲点的立足视角，系统工具与回望事件，就得有所讲究。本章聚焦的关注点，当然就是企业掌舵人。而视角的立足定位出发点，是可以有专业的选择，甚至可以有专门次序的方案设计的。

作为企业掌舵人的你，可能会有许多苦衷，许多见解。不着急，体验脱离自己看待自己，是修炼的第一步。而且，这种方式是有效而又安全的。再进一步，还可能看到他人，是如何理解你或者误解你的。这对于将来利他导向的学习，修炼与他人相处，也是大有帮助的。

探索，是真正的学习之路。简言之，就是不去设定结论，而是集思广益，客观地接受、容纳、分析、演绎不同视角的事实、观点、逻辑与立场，再去重构自己的认知。那种先设定结论，再寻找证据论证的做法，可以暂时放下，因为可能存在着认知上的推理风险。

讲个趣事，两个小孩分别随父母在剧院一楼与二楼看杂技表演。事后他们在争论，一楼的小孩说空中飞人吊钢丝是顺时针旋转的，二楼的小孩坚持看到的是逆时针。如果你分别到一楼与二楼去看看，就不会参与争论了。这给我们的启发是，要系统地且逻辑地看待问题和分析问题。

我们最后来看，这个自己与他人都不知道的区域，称作潜能象限。这个象限虽然看不到，但确实存在。那么，怎么去开发这个象限的潜能呢？要开发这个潜能象限有三条途径如图 1-2 所示。

第一条途径，把这四扇窗的纵向的挡板往右移。简单地说，就是恳求反馈。要听取他人的反馈，要知道别人对你和对你经历的事儿是怎么看的。如果这么移的话，我们会发现这个潜能象限右下角的这扇窗，它的面积会被挤出原来位置。

图 1-2　开发潜能现象的三条途径

第二条途径，把横向挡板往下移。往下移的做法，其实就是自我揭示。你要跟别人交流，你对这个事情怎么看，你的为人是怎样的，你处事的原则是怎样的，你在乎什么，不在乎什么。

第三条途径，把纵向挡板往右移的同时，把横向挡板往下移。可以想象，同时移动的结果是什么？就是右下角这个潜能象限的面积在缩小，但是公开象限的面积在扩大。公开象限面积越大，根据信奉理论，人与人相处就越简单。

希望人与人相处简单有效，基础是建立信任与尊重。这三个途径，一是用心聆听，二是自我揭示，三是真诚地既听又说，综合起来就是坦诚沟通。所以，周哈里窗又称沟通视窗。

三条途径是术，坦诚沟通相处的心态是道。但并不是掌握了术，道就自然修成了。要修成坦诚沟通的道，还要突破心理独行的障碍。对比一般人，企业掌舵人要突破心理独行，通常情况下更具挑战难度。许多学习者通常只知道，学习沟通视窗，是为了指导与他人相处，却未必知道，更重要的是学会与自己相处，是开启觉悟之路的通道入口。

二、心理独行

解读沟通视窗的理论之后，我们进一步进入心理独行的讨论。

关于周哈里窗里提到信奉理论与在用理论的本质区别是企业掌舵人能否实现自我突破，从心理独行状态发展到公开坦然地在创业团队中寻求建立互相依赖关系的状态。

当企业掌舵人希望达成一个目标，又纠结于是否该找到合适的伙伴，与之共享自己种种在商业运作中实情的时候，往往会担忧随着自己情况越来越公开，导致自己可掌控的空间越来越小，同时油然而生不安全感。这就意味着你要面对心理独行这道坎了。

沟通的术，通常企业掌舵人并不欠缺。甚至，掌控沟通视窗中公开象限的度，他们也游刃有余。如果企业掌舵人已经能够管控自如这个空间，通过制衡或平衡对方，从而达成目标，那又为何要放下心理独行的安全感呢？其实，周哈里窗是很多企业掌舵人都知道的理论。但很多人仅知道这个模型是指引与他人交往的，却没考虑到还能指引与自己交往。

安全感仅仅是感受，而且会随着观念的改变而衍生新的定义。从经济学的角度，放下心理独行，构建互赖关系，是降低风险和成本的途径。从管理学的角度，放下心理独行，构建互赖关系是提高效能、形成合力的途径。从心理学的角度，更是建立依靠基础，获得激励的来源。毕竟，商业组织需要在企业掌舵人掌控中，再发展迭代。而心理独行的方式会使所有的压力集于企业掌舵人一个人身上。以上道理不复杂，可这是企业掌舵人必须面对的人性挑战，尤其曾经在心理独行状态下已经取得过成绩的企业掌舵人。

我们要进行自我突破，所以才会引入这个思辨。它不只是谈与他人相处，也包括与自己相处。就是你究竟有多大的动力和想法，要把这个公开象限双向扩大，去通过自我突破，来创作合力？还是只知道他人，不让别人知道自己，通过自我保护来守卫安全感与掌控的惯性？

这里要提出一个重要的主题：你与谁为伍？这其实是需要常自问的话。在咨询行业中，自由顾问时常会与各种咨询机构洽谈合作。许多时候，咨询机构关心的是价格，关心独立顾问有没有专业能力接这个项目，关心独立顾问有没有时间完成项目。而独立顾问首先关心的往往是与之洽谈的咨询机构对专业的理念和价值观是否与自己同频。资深的独立顾问还有第二个关注点，要求了解咨询机构正在或曾经合作的其他顾问有哪些。机构方有时候不明白为什么会提这个问题。其实独立顾问在探讨“他与谁为伍”。机构关注的是顾问的专业与成本，是能不能的问题；而顾问关注的是与谁同行（能力达标的前提下），是该不该的问题。简言之，在经验资深的独立顾问眼中，就算能，也不一定应该。该不该，取决于与谁为伍。咨询机构把业务当职业看待，独立顾问把业务当事业看待。

分享了独立咨询顾问以上的心路历程，我们可以看到的是：事业路上独行局限，有同路人互相依赖，更高概率产生合力；对选择为伍的同路人，必须慎重，不仅要考虑物质利益，还要考虑精神共频。

同样的道理，放到企业组织里，企业掌舵人究竟在掌舵中与谁为伍？我们可以在这里做一个设问，高管们是与企业掌舵人为伍吗？可能性较小，因为各自所求不同，能力不同，背景不同。还能与谁为伍？企业掌舵人可能与股东为伍。但是我们更把企业掌舵人理解为参与运营的主导者，那么其他股东可能是利益分配和投资关系，但是在经营上未必和企业掌舵人一样承担这个运营责任。那么，企业掌舵人与股东为伍的可能性也较小。其实企业掌舵人最大概率就是与自己为伍。现实中，企业掌舵人心理独立是必须的，而企业掌舵人心理独行是危险的。

在此，我们谈到企业掌舵人的无知之知，其实不是周哈里窗的盲目象限，也不是不知道自己不知道。盲目象限其实是常识。如果企业掌舵人在知道这个常识的前提下，他还选择了心理独行，就是明知而为之。就是处于本节主题谈论的，明知有盲点，仍选择继续惯性心理独行的，刻意进入回避无知之知的状态。因为我们谈到与谁为伍，这个“伍”其实是一个坦诚多元共利的关系网，可能是企业的股东、员工、客户、顾问……如果仍旧放弃信奉理论，遵行在用理论，尽量不让别人看清自己，这样的企业掌舵人一定只与自己为伍，这种状态就叫作心理独行。

心理独行状态下再持续前行，就会使盲点叠加。这个叠加一方面是人皆有之的盲点，另一方面加上企业掌舵人再刻意选择了独行。所以，这个盲点就会出现叠加强化，酝酿系统性质的隐患问题。叠加之后，通常会出现企业掌舵人走不长远的现象。现实中这种情况有很多，这里不一一列举了。

关于独行的一个理解：不只是在心理层面，实际上这个独行还有行为层面的。这个状态会带来的结果，往往不是企业掌舵人想要的。比如，公司有些事情是企业掌舵人最后才知道；再如，有一些事情企业掌舵人是不会告诉大家的，只能一个人承受内心压力。那么，这种孤独究竟是应该还是不应该呢？这当然不应该，因为企业掌舵人的心理选择，就要承担所有的后果。我们认为这是心理独行造成的。很多时候，比如在企业管理会议上、讨论中，企业掌舵人并不是正在讨论主题方面的专家，但是一把手一旦发言，大家都不再表达意见了。

要摆脱心理独行状态，需要自我突破，需要与昨日的我诀别。解决这个层面的问题，最有效的方法就是要上升一个维度，简称升维处理。就是要升维今日的我：认知中，意识到自己心态的盲点、局限与风险；利益中，开发出与人共享的价值、回报与利润；趋势中，把握优势、机会与合力。

综上所述，企业掌舵人突破心理独行之路，就是把自己的格局扩大，从思维到行为。这不只是一种思考，更是一种行动。就像学习跳伞，不是在机舱口思考就可以实现的，必须有跳的行动，才可以拥抱蓝天。当然，这不是一般人可以做到的，连跳伞运动员都要经过数次训练。

三、即时满足

即时满足，是一种心理学现象。就是人的心理偏好更倾向于选择属于可以即时满足，而获得利益偏少的行为；却不倾向于选择属于需要延迟才达到满足，而获得利益偏多的行为。

了解了心理独行之后，我们如果要唤醒这种状态下的企业掌舵人，就要探讨即时满足。即时满足，很大程度上跟一个人的思维固化有关。

思维影响行为，行为固化习惯，习惯养成个性，个性决定命运。以上这句话道明了很多思维懒惰的人，因为思维固化，也就停止了学习新知识的普遍现象。

如图 1-3 的达克效应：太多人停留在“我无所不知”的愚昧山峰，忘不了过去成功的经验，固化决策的模式，更是躲进舒适区找寻自我迷恋的快乐。这些快乐可能体现在当下的财务自由、个人喜好或者面子的极大满足。这些人在“不可能”“以后再说”等借口下，选择性忽略潜在偶发性质的黑天鹅风险，以及早已存在的必发性灰犀牛等重大问题的潜在危机。当风险真正发生时，他们自然被动地堕入绝望之谷。经历磨难后，极少数人能促发觉悟，迎来人生下半场，去经营自信与技能双高状态的心智平稳高原。

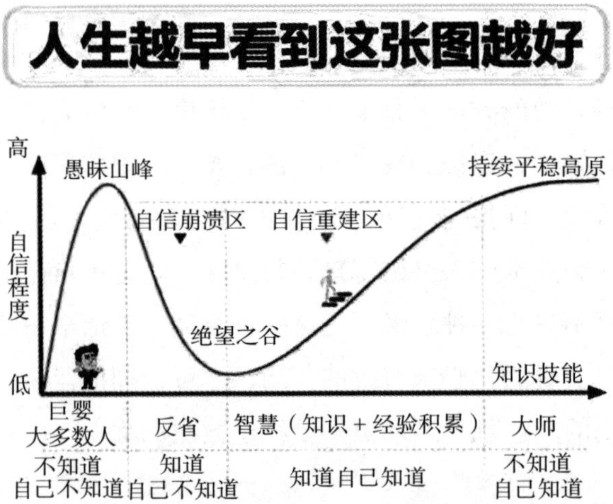

愚昧山峰	不爱学习的人大多处于这个阶段，对自己没有清醒的认识
绝望之谷	在现实面前，自信心受到严重打击，意识到了自己知识技能的欠缺。人生越早醒悟，后期发展越平顺
开悟之破	这个阶段的人最愿意接受新事物，积累经验和升华智慧
平稳高原	终于成为某一领域的佼佼者，这时人会意识到生命的价值，达到度己度人的境界

图 1-3　达克效应

我们看重自己的成就感、归属感和安全感，自己的情绪是什么样的，环境带给自己的情绪是什么样的，就会决定自己采取对应的行为。假设一个人需要很高的成就感，他的情绪又很焦虑，你觉得这个人会有什么样的行为呢？或者说这个人追求很高的安全感，又常常表现得很愤怒，他的行为又会有什么样的表现呢？通常人们不愿意想方设法挑战那些不舒适区域。这些“无为”的行为，是人在没有意识的情况下所做的选择，称为理性无意识与无能力。

史蒂芬·柯维博士在所著的《成功人士七个习惯》中明确提出，人在所受刺激与反应之间，是可以通过修炼，运用好自我意识+想象力+良知+独立意志这四项天赋，从而完善神经元驱动的理性判断的。

也就是说，很多人是在缺乏修炼的无意识之下，是欠缺理性能力而为之的。

所以，我们就会惯性地处于缺乏理性应对无知之知的即时满足状态，然后塑造了我们的个性人设。我们的个性人设，进而主宰了我们的命运。

认知是影响命运的起源，对于企业掌舵人，无知之知，很重要！

四、自我迷恋

现实中，企业掌舵人都有某种程度的自我迷恋。因为，这是人性。

在成长过程中，对自我观念不合理的理解，会造成个体形成自我迷恋人格。当个体因为自我迷恋而在生活、学习、工作、人际关系、亲密关系中出现诸多问题时，就会形成自我迷恋型人格障碍。一些轻度的自我迷恋，在没有影响正常的人际交往的前提下，不能视为自我迷恋型人格障碍。自我迷恋型人格，是处在以自我为中心的认知模式阶段，没有发展出更高的自我认知模式，从而导致个体无法意识到自己同他人、同周围环境的关系。因此，可以将自我迷恋视为自我意识的膨胀。但是，当出现以下这些表现时，就意味着个体存在自我迷恋型人格障碍。

（一）渴望得到过分的赞美和欣赏

与讨好型人格不同，自我迷恋型人格不会讨好任何人，而且他们认为自己理所当然应该得到别人的重视、赞美和欣赏。一旦他们没有得到别人的重视、赞美和欣赏，就会认为对方不够尊重自己，内心就会陷入失落之中。他们害怕被人忽视和冷落，但是内心并不愿意同他人建立友好的关系。他们认为自己掌握了特殊的技能，别人应该为此崇拜自己。他们的行为动机，都指向了被他人崇拜。只要能够让别人崇拜自己的事情，他们就愿意去做。

（二）自视过高

自我迷恋型人格往往自视过高，他们认为自己有超越多数人的潜能。他们对自我评价是脱离现实的，是建立在情绪化基础之上的。他们对自己的过高评价，其实是对内心自卑的过度补偿。他们表现出，认为自己在多数方面都远远超越别人。其实，这是内心自卑的一面在作祟。事实上，他们内心里认为自己在许多方面都不如别人。在心理补偿和心理防御机制共同作用下，他们要求自己比其他多数人优秀，素质更加卓越，道德更加高尚，能力更加超群。他们越是自卑，也就越渴望超越他人。

（三）否定规则

自我迷恋型人格障碍，会表现出否定对应自己的规则，认为自己不应该受到任何约束。对自我迷恋型人格而言，规则从来都是针对其他人的，自己不在规则之内。他们试图通过超越规则的形式，来体现自己的优越感。在自我迷恋型人格的思维逻辑中，自己是特殊的存在，不应该跟其他人一样遵守规则。哪怕跟别人一样，都是对自己的一种不尊重。跟自我迷恋型人格相处，他们会制订一系列规则来约束别人。当然，他们一定不会遵守这些规则，否则他们就跟别人一样了，也就体现不出自己的优越感了。

（四）忽视他人的情感

自我迷恋型人格不太在乎别人的情感，因为一旦考虑别人的情感，“自我中心”的位置就会消失。在他们的逻辑中，别人不可以有情绪，只有自己可以有情绪。在社交中，他们不是没能力关心别人，而是从来不打算去关心别人。跟这类人相处，你会发现自己不可以抱怨，不可以有任何情绪化的态度和观念。但是他们自己却是个例外，他们自己可以发泄情绪。作为真实情绪的接受者，你会觉得跟他们相处实在太累了。自我迷恋型人格不太在乎别人喜欢什么，他们只在乎自己喜欢什么。哪怕送别人礼物，也不会理会别人是否喜欢。

（五）幻想权力、地位、名望和财富

自我迷恋型人格总是沉浸在幻想中，他们总是幻想着权力、地位、名望和财富。在幻想中，他们拥有所有的一切。凡是现实中想要但是没有的东西，都可以通过幻想来进行心理补偿。因为他们过分地依赖幻想，以至于同现实间形成巨大的落差。这种落差感让他们沉溺在幻想中，导致无视或回避现实。他们的想法很多，但是真正落实的却没多少。他们又会轻易放弃一些想法，逃避所有的问题和挫折。

以上这些自我迷恋的表现，代表了一种情感、情绪的状态。当无法控制思维的时候，行为上就会显得放纵。

从小的家庭教育，社会的影响，职场上的历练等因素，都是后天个性的成因。而自我迷恋，也是来自这些后天因素的养成。例如，惰性，厌恶损失，或者只是想赢，且不容失败等，都可能是原因。

同理，自我迷恋其实是跟即时满足勾连的。因为迷恋，所以不愿意改，自然会带来即时满足的快感，相互促进、反复叠加。这其实是人性。

在现实中，企业掌舵人自然会出现自我迷恋的这些行为表现。为了自我突破，就必须打破这些自我迷恋。这是反人性的，所以很难。

自我迷恋是一种心理状态，或者说是一种思想状态。但心理独行会表现为行为状态，进而表现为关系状态。这种心理独行，其实就是以自我为中心的自私表现。

心理独行的人，不知道周哈里窗或背后的道理吗？当然知道。心理独行的企业掌舵人甚至会学习很多管理理论，但是他在利益关系上宁愿选择独行，也不打开公开象限的窗户。

如何理解心理独行是一种关系状态呢？试想，两个自我迷恋的人可能是不独行的，他们都很自我迷恋，自以为是，但是他们可以结伴而行做生意。有些企业掌舵人未必自我迷恋，关键是他是否与人为伍？如果没有，就是心理独行。如果有，那是可能有合力的，不孤独的。比如，企业掌舵人与教练为伍，就有思想上的战友；企业掌舵人与行业联盟者为伍，就有一起做大蛋糕（市场）的集体……因此，心理独行不只是一种情绪或者心理状态，还是一种关系状态。也就是说，心理独行不只是思维的问题，而且是行为方式的问题。

这就回到社会学上怎么去定义是否心理独行的问题。怎么去判断？判断的标准，不在于这个企业掌舵人是否追求商业上的成功。因为商业的成功真的是通过个人努力实现的。但是，商业的成功有可能是暂时的。判断企业掌舵人是否心理独行，主要在于他有没有明确的人生下半场意义取向，并带领认同这个方向的团队成员同行。

盲点，人人都会有，企业掌舵人自然也不例外。但企业掌舵人选择了心理独行，其实是在这个负面因素上加了一个砝码，那么就注定他是不利于商业组织长久发展的。

独行背后的原因是什么？是一种来自企业掌舵人的理性意志控制不了的因素。比如，一个男人努力让自己不长胡子，这个人的理性意志是没有办法达到的。因为这是人的正常生理现象，理性意志控制不了，是自然科学中生命体的活性表现。

五、把握可以把控的

无论可控还是不可控因素，作为企业掌舵人都需要思考如何跳出这些负面因素的影响。否则，难以应对企业掌舵人特有的双重挑战，完成自身使命。出路在哪里？取代即时满足，实现自我突破。因为，你是企业掌舵人！什么是延迟满足？斯坦福大学沃尔特·米歇尔博士1966—1970年通过棉花糖实验证明：越自律的人，越懂得克制自己即时满足的快乐；越延迟满足的人，越容易获得成功。

作为一个企业掌舵人，面对的商业组织再次腾飞，影响因素有很多。而可能的影响因素又分为已知的和未知的部分。已知的部分又分为可控的和不可控的因素。那么，最可控的因素是什么呢？

企业掌舵人要把握可控的前提，就是自我。的确，我们说企业掌舵人太难了，因为面临各种不确定性。即使看见了，看清了，对于那些不可控的因素，我们又不能左右或干预。企业掌舵人在责任与压力面前，其实是很微弱渺小的。

因此，企业掌舵人可以作为的，就是把控可把握的，具体就是把控对自己的突破。

无知之知，是靠悟不靠知。这里的悟，就是觉悟。

什么是觉悟？觉是体验、觉察、思考积累；悟是理解、领悟、勾连融通。觉悟路上，知识比信息难得，理解比知识难得，决断比理解难得，行动比决断难得，觉悟比行动难得。

那么，究竟什么是信息呢？信息是客观事物的反映。我们获得信息，其实是客观事物的投射反映。什么是知识呢？知识是对客观规律的总结陈述，这比信息上了一个层级。什么是理解呢？理解是对知识的内化解读。其实，内化解读已经从客观转为主观。什么是决断呢？是在理性解读规律之后的主张判断，是由思到行的过渡。什么是行动呢？行动是对主张判断的应用实践，是从思到行的实现。什么是觉悟呢？觉悟是对主观应用的融通勾连，是一种触类旁通的领悟。我们所说的系统思维，就是融通勾连的整体认知体系。

靠悟不靠知，是一个学习的过程。这个过程首先要靠行为体验，不是靠思想理解。就好比一个人进入水里，只依赖思考理解是学不会游泳的。但是只有体会还不够，还要觉和悟。觉是觉察，悟是一种积累，一种融通。这种厚积薄发的过程，就好比往杯里倒水：一开始倒，水不会溢出来，当量足够的时候，杯里的水就会从杯口溢出。

靠悟不靠知，要树立企业掌舵人的责任感。觉悟不是心理独行可以实现的空悟，而是靠企业掌舵人以自我突破，把大家联接在一起，把心理独行打破，实现行动学习的效果。不是因为看见，所以相信，而是因为相信，所以看见。这就是企业掌舵人的修炼。

觉悟在于心智上明性，修炼在于行为上循律。修为以行制性，悟道以性施行；炼者以律节心，觉者由心生律。通过修炼，催化知行合一，以及在知行合一前提下的知行同频发展进步，从而提高自身觉悟的概率。

六、形成合力的同盟

企业掌舵人的人生下半场的意义就是要带领商业组织再次腾飞。在这个目的的驱动下，最能独立操作实现的，就是把控自己的自我突破，是面对自己的无知之知，是面对自己的盲点。

如何建立同盟在后文再谈。本章到此，有一个很重要的点需要明确，就是企业掌舵人的这种孤独和难为，其实是自己造成的，是因为选择了盲点与心理独行的叠加。其实，这个困境是有解的。这个解的大方向，是要构成一个能产生合力的心路同盟体。而合力的心路同盟，就是要有同行者，甚至有不同属性，不同追求，多元化的同行者。这里强调的是思路与心路的同盟体，而不只是行为方面的。因为行动行为方面的同盟体，企业掌舵人本来就不缺。

德鲁克（P. F.Drucker）说，企业掌舵人的领导力，就是把视野提到更高的境界，把成就提到更高的标准，锤炼其人格，使之超越一般的局限，才能把一群人的潜力与持续的创新动力开发出来，让他们取得自己以前想都不敢想的成就。作为一个企业掌舵人，其主要职责是通过领导，促成心力 + 脑力 + 行动力的合力产生。站在领导者的高度，唯有不断学习，才能为企业赋能。

达到更高境界的必由之路，依靠自我突破。而自我突破犹如千里之行，始于足下，就是理性上形成无知之知。由于有了无知之知，才会有接下来的自我完善。

第二章　处理无知

一、了解盲点

生理学上，盲点又称“生理盲点”，就是眼球后部视网膜上，视神经进入眼球处的一个凹陷点。此处无视觉细胞，因此无感光能力。物体的影像落在此点上不能引起视觉，故称“盲点”。这个生理特征，正常人皆有之。

在第一章，笔者谈到管理学中周哈里窗的时候，也谈到人的认知中有一部分是盲点，或盲目象限。

每个人都是通过自己的参照框架体系，来感知理解世界的。但我们往往看不到自己的参照框架本身，因而处于一种当局者迷的状态。这种状态，就是身陷盲目象限，处于盲点中。比如，你深信 1+1=2。在已有理性认知中，你是无法接受 $1+1\neq2$ 的，因为你的参照框架是十进制。当你的认知结构中增加了，了解十进制以外的程式规则，比如在二进制中，你就明白 $1+1 \neq 2$，而是 $1+1=10$。

我们发现，有些人认为自己知道的，很可能并不是真知道。这也是实际的盲点。了解盲点，无法简单通过自己的主观判断和认知去完成，必须借助自己以外的一些方法和手段。

正如第一章所述，我们了解盲点有三条路径：一是通过他人；二是介入工具模型；三是通过抽离、复盘、反思。

那么，这三者有什么共性呢？共性是要有外力。要借助外力，企业掌舵人首先是很开放的，承认和接纳自己的无知。如果，没有意识到这一点，那就很难继续向前走。

根据众多企业咨询真实项目情况反映，能主动客观认识到企业掌舵人自己就是企业发展障碍的组成因素的寥寥无几。而后来的事实证明，这往往是主因。通过若干方法与手段，部分企业掌舵人是可以认识并改正的。

这好比病理性质的精神障碍辅导中（如抑郁症），被辅导者真心承认，自己精神上出现了症状，不仅主动寻求有资质的专业帮助，还全力配合医疗服务的情况，是能够促进医生与患者同心，相互配合，产生正面效应的。相反，认为自己正常而其他人失常的患者，是比较棘手的。

这里值得注意的一点是，需要真心承认与配合，不是佯装那种状态。这点其实通过时间与实践是可以证明的。关键在于，不正视的代价可能是错过企业再次腾飞时机。企业掌舵人需要深深明白时机的重要意义。

一般人忽略盲点，或许产生的影响是零星分散的；企业掌舵人忽略盲点，往往令风险积累，抑制企业再次腾飞。

二、开放度

所谓的再次腾飞，是指在财务规模、产品技术、行业市场和资本结构上等维度，实现升级迭代……

推动企业再次腾飞的主因是创新。推动企业的创新发展趋势，越来越不是依赖一个人能完成的事。不妨想想，从技术创新，到产品创新，到商业模式创新，再到思维观念创新，是越来越依赖群体，而不是个体来实现的。那么推动群体创新的动力源，很大程度上是员工敬业度。

员工群体敬业度不会凭空产生。它受企业文化的真实开放程度影响。而企业文化的本质，在很大程度上是企业掌舵人思维模式与行为模式的缩影。企业掌舵人的开放程度是商业组织再次腾飞的先决条件。

这个开放程度是什么？其实就是企业掌舵人自律，放弃那种本性或者动物性的，对他人控制而获得安全感的即时满足，同时开启追求长久回报方式的自我控制。这种自我控制的具体表现就是开放，放弃心理独行，采取行动，寻求并选择，具有与之同行的人，形成心力+脑力+行动力的合力。所谓开放，是指允许团队成员为商业组织未来发展做出探索试错，而企业掌舵人自己却学习与修炼掌控，自己面对缺乏安全感的失控状态。采取这种开放心态的目的，是提高合力概率，降低独行风险。

企业掌舵人如果连自己存在盲点局限都不能承认与接受，那他如何容得下企业创新路上，他人的试错犯错？企业掌舵人对自己的开放程度，决定企业的未来。看企业未来有多种视角，看待企业掌舵人能力以及开放程度的视角，也是许多投资方作最后决定的关键依据。

由外而内的开放取向，就是愿意接触、接收外界的新情况、新信息，并主动吸收学习，使自己从无知的状态向有知的状态发展。这是一个增量积累的过程，常常比喻成开放的空杯盛接，目的是从无到有。

由内而外的开放取向，就是自我挑战，自我批评内在的旧系统局限，并主动更新，使自己从有知的状态向觉悟的状态发展。这是一个消减萃取的过程，常常比喻成开放的满杯倒空，目的是从有到无。

比对人的开放度，既要横比，即与别人比，也要纵比，即同一个人，当前的开放度与过去的开放度比较。后者，主要是看企业掌舵人的自我突破成长。

清末政治家林则徐写有一副对联：海纳百川，有容乃大；壁立千仞，无欲则刚。容，指的就是开放度；欲，指的就是即时满足。这副对联，尤其前半句，许多中国企业家喜欢将其挂在办公室。可是，这除了给别人看，对企业家自己的心态与行为，究竟又有多少推动呢？要有实质推动，就得思行合一。思行合一，是扩大格局的前提。在林则徐晚年流放新疆时期编著的《四洲志》中，就体现了要发展首先必须开放的思想。

三、建立机制

追求即时满足，会限制性影响开放。其背后原因，其实是人性，其实就是一种追求短期的满足，以自己为中心的唯我独尊状态。那些自我迷恋的众多表现，其背后的原因就是如此。

我们谈到阻碍企业二次腾飞的主因，是企业掌舵人不开放。那怎么开放呢？这需要通过运用外力，甚至利用外力。需要专门提出的是，这种外力式的教练或顾问援助，应是非雇佣关系，或者不只单一雇佣关系。并不是单一雇佣关系中的人，就没有这个能力和水平。而是他们的角色由于已有契约的利益关系冲突，是不可能和作为雇主的企业掌舵人立足同向立场，共担风险，对企业掌舵人的全部客观真实观察与分析的。这就需要建立选择外力支援的关系机制。

举一个例子，在国外许多著名的高等院校，为什么大学教授是不可以跟学生谈恋爱的？因为教授掌握着对学生的评估、打分，也可能掌握着学生的晋级。这些或多或少都会涉及学生的利益。如果他们谈恋爱，就会有涉及不道德的可能性。解决的方法是建立机制：出现这种情况时，为避免道德风险，至少有一方必须退出。同理，企业掌舵人要处理无知，需建立机制，至少以非单一雇佣关系来运用外力。

还有什么机制，可以处理前文所述的企业掌舵人无知呢？有些企业在管理营运上，是建立了一票否决权机制的。比如 TCL 的 HR，在高管会议决策中，是有一票否决权的。事实上，这很少被使用。但这个机制，对企业掌舵人和高管，可以起到提醒与震慑的作用。

关于建立机制处理无知，我们来谈谈学习的四条路。这四条路，不仅对企业掌舵人，而且对每个人都适用。就是推动一个人开放，可以帮助建立处理无知的学习机制。有哪四条路可以实现学习呢？

第一，实践。因为只有实践，才是检验真理的唯一标准。这是学习的一个来源。第二，同行交流。因为每个行业都是有同路人的，这些同行者，他们走过的弯路或心得，你可以向他们借鉴。关键是找到这些先行者，并想办法让他们开口。他们在哪儿？可能在古今中外，也可能在跨界的交集点。第三，向老师、课程以及同事去学。但这种学习，不是以学历为目的，而是以自我突破为目的。因此，每当你制订学习计划时，有必要问自己目标、计划、代价分别是什么。第四，你向客户学习，从顾客的不满意、顾客的反馈，甚至向他们的离去动向与主流学习。市场，是企业掌舵人的活教材，既要敬畏虚心，又是大胆创新的来源。

再来思考一下，还有什么机制呢？是沟通的通道，比如公开的总裁邮箱或微信，我们要多加鼓励坦诚沟通。其实在企业掌舵人的公司，如果是基层的员工，想跟企业掌舵人对话，那现实有没有建立这样一种通道，具体要通过什么环节，才能实现员工希望的交流呢？所以在这个过程中，核心依然是建立机制，实践与反思。

我们还要建立复盘机制，而这种复盘是公开的。这很重要，要强调的是公开的复盘。

很多企业掌舵人懂得复盘，但不是公开的复盘。这就会带来一个问题。就好比你要去验算一道题，你得用不同的方法。假如你用同样的方法去验算，虽然速度很快，但永远都会得到相同的结果。那么这种公开的复盘，就适宜邀请其他的利益相关者加入其中。比如向客户学习，这叫换位思考，共利探讨。什么叫换位思考、共利探讨呢？就是你跟客户究竟是否可以建立共同利益联盟，使你们之间并非是零和有限利益的竞争对手，而是共创价值的联合队友。当然，这只是举例。建立机制，去处理无知，是可以有许多途径的。

建立试错与奖励机制，设定具体的时间、费用、人员，事务边界，放手创业团队成员大胆试验。奖励获得的成功，也奖励收获的教训。强调一下，前者通常不会被遗忘，后者特别容易被忽略。两者兼顾，才能体现企业掌舵人的开放务实态度。事实上，许多集团公司，就是这么摸着石头过河的。我曾经见证过，推动公司再次腾飞的老板公开奖励开设分公司失败的主管。理由一是收获了教训，积累了公司以后应避免的错误经验；理由二是表扬那位主管大胆执行，毕竟许多做法是老板自己决定的；理由三是鼓励大家以后勇于试错，那位主管开了个好头。

建立公开或非公开的后备副手培养制度，由企业掌舵人亲自去抓，以应对各种可能发生的危机。同时，企业掌舵人也会在实施过程中，得到自我反观与成长。在历史上，尤其在危难中发展而来的领导团队，都不乏这样的机制，以及相关的人物与事件。

此外，还可以有跨界的标杆学习。对于这种非同行间学习交流，更重要的不是看被学习企业的成功，而是看失败。人家的成功你没办法复制，甚至他自己都很难再来一次，更别说作为模仿者的你。但是，对于人家的失败，作为学习者的你则可以借鉴。关键看你如何推动被学习的企业，主动公开向你透露曾经的教训。这，当然与本章前文“了解盲点”和“开放度”有关。

行是知之始，知乃行所成。建立并运行机制，是行的表现。这种机制，必须由企业掌舵人亲自推动，任何雇员或外界服务机构都无法代劳。如果对无知仅仅是知而不行动，那只会发展为漠视与回避。想只通过认知来实现自我突破，犹如不下水践行，那太不现实。

若没有机制，或者机制不完善，需要靠企业掌舵人的品行自律来保障运作；良好的机制，会驱动品行不自律的企业掌舵人走向自律，因为机制起到约束与规范的作用。

四、自我救赎

建立机制之后，还要进行自我救赎。自我救赎是什么呢？就是知错、认错、改错、防错，使错误产生其该有的价值。

或许，对于一般人，并没有这么严苛的要求，能够意识到自己有盲点，拒绝心理独行，与大众友善互利交往，就相当积极进步了。

可你是企业掌舵人，肩负着双重使命：第一，尽管企业也有生命周期，但如何使企业在自己手上续航迭代发展，是自己对商业组织的使命；第二，中国正经历百年未有之大变局，在倡导全球高速发展的时代背景下，如何透彻地认知自我，进而及时自处以实现自身意义，是无法逃避的责任。

这是逐渐改进的过程。不知错是没有办法继续往下走的，你得知道错在哪儿？当然有很多东西不是立即能够判断对错的。从系统来看，管理不存在绝对正确与谬误。错，只是不对应的；对，就是相对应的。那为什么不对应？你要知错认错，认错至少向自己认。因为你不向自己认，你就没办法采取行动，去执行以上机制所要求的措施。对公众而言，企业掌舵人改错比认错更重要。认错可以不向公众认，至少要向自己认。企业掌舵人必须学习去做一个“知行合一”的人。如果认错不改错，那会更糟糕。我们要认识到，改错是为了行为与事实效果能够对应。那么防错是什么呢？防错，其实是又进了一步，即我们避免犯重复的错，保持一种不断改进的状态。这样，犯错会变得有进步价值。但是我们必须强调一点，不能犯一些致命的错。这些致命的错，指的是可能对你的企业产生不可逆的破坏性影响的那种。比如产品质量危害客户生命或健康，违反法律法规。

其实相当多的企业，都设置了试错的试验田，拿出钱，拿出人，拿出时间，在能接受的可控范围内去试错。

五、逃避的代价

回到企业掌舵人自身，倘若逃避和无视自己的心理独行与盲点，这需要付出巨大的代价。其实面对企业掌舵人自己的心理独行，面对我们可能的盲点，很多时候，企业掌舵人能意识到，但是会倾向惯性地选择逃避或者无视。

比如宿迁有一家农业公司的企业掌舵人，在 20 世纪 90 年代末因穷困得无路可走，就试着与几个人合伙贷款开了公司，经营了十几年，达到了二十亿的营收规模。在产品品质上，他是一个谨守承诺的人；但在自我认知与突破上，却是“冥顽不灵”的人。当年他跟合伙人有一个约定：公司做砸了，大家都不互相埋怨；公司做成了，就30年内不要分红，继续往下经营。2010年，公司做大了，同时也面对各种经营决策。公司老板觉得自己能力不配位，公司做大是运气的偶然因素成就的。如果卖掉公司，又违背了当年大家的共同承诺；如果聘请职业经理人来管理，既难以信任，又拉不下面子。这个老板承担了很大的心理压力。这是个真实的案例。他最不该在这个时候，选择无视与逃避，继续诚惶诚恐地管理公司，使公司错过了可以获得再次腾飞的机会，反而一直走下坡路。前一句话，是这个老板后来对自己的评价总结，也是合伙人对他那个阶段的评价。

以上，是从企业掌舵人的角度来看待自我突破。从商业组织的角度分析，也有类似的结果。根据对企业面对再次腾飞挑战的第二曲线统计研究表明，实现了初次腾飞的商业组织，在过渡到再次腾飞的进程中，有一个储备阶段，如果企业不能抓住时机发展突破，那么在后来实现目标的概率就非常低。再次腾飞的时机，往往是可遇不可求的。

企业掌舵人从长远着手商业组织的发展，树立新使命，创造更有意义的人生下半场，实现自我突破，与其带领的企业能否再次腾飞，密切相关。而且，对应时机还有不可逆的特点。

本节内容的小结，我们引用两段古语。

第一段是汉朝班固的文章《汉书·霍光传》中的句子：

曲突徙薪无恩泽，

焦头烂额为上客。

解释：

朋友建议房屋主人：应该把灶上烟囱改成弯曲的，不要冲着屋檐的木头喷烟火；要把灶口的柴草搬远，以免炭火碎片飞落。主人并没用采纳朋友的防火建议。后来，就因这些情况引发了火灾。邻居们赶来救火，弄得焦头烂额，避免了更大损失。在感谢宴会中，主人安排因救火受伤的邻居在上等座，可是却没有邀请提出防火建议的朋友参加答谢宴会……

第二段是宋朝苏轼的诗《题西林壁》：

横看成岭侧成峰，
远近高低各不同。
不识庐山真面目，
只缘身在此山中。

六、照“镜子”

身在庐山中，是有途径去了解庐山的全貌与外观的，那可能是通过无人机航拍。本质就是，运用外在多角度手段去检查并审核自身的方式。

人生会犯很多错，最重要的是知错才能改错。所以，知错是先决的瓶颈环节。那么怎么能够知错呢？这跟照“镜子”有关。通过照“镜子”，借助外力作为手段，去反观、修整、改善自己。现实生活中的每一天，照“镜子”已成为多数人的日常行为选择。

首先，了解镜子的作用。镜子的作用是什么呢？它不是为你直接操作，而是让你看清自己的状态，发现须改变及改善之处。我们对着镜子整理仪容，究竟谁给自己整理仪容呢？当然是自己给自己整理，这是要自己执行，不由他人代劳。但事实上镜子是起了作用的。如果你把镜子拿走，整理仪容就变得别扭又困难。所以，镜子起了对照的作用。

其实，“镜子”就是向外在借力的方式手段、机制措施、个人或团队。“镜子”的作用，是让企业掌舵人看清自己。假如，我们对着镜子整理仪容，看到自己牙缝中有菜叶，就知道该怎么办了。如果看不到就麻烦了，很难再有改进的下一步。

其次，要知道选择什么镜子。有一种镜子叫哈哈镜，哈哈镜是凸透镜或凹透镜，所有人照都得到雷同的效果，要么都是个胖子，要么都是个瘦子。这不是我们要去照的镜子，因为照不出差异性。

那么我们要找什么镜子呢？要找平面镜。所谓平面镜，可以反映出客观的真实存在。但是反映真实，可能就会使照镜子的人产生非愉悦感。照平面镜，促使照镜子的人学会思辨。思辨，来自外部教练结构性的辩证提问：这样做的好处是什么？列出个一二三；这样做的坏处是什么？也列出个一二三。这是平面镜的做法，并不是向企业提出建议的做法，而是让企业掌舵人看清利弊之后，自己做出针对性抉择。这样，企业掌舵人对所做决策是要负责的。教练的作用犹如平面镜，是对形成决策过程的理性思路、客观比较、流程健康负责。

现实生活中，每个人都会有多个教练，同时每个人又会成为其他人的教练。例如，A 是 B 的理财教练，B 是 C 的健身教练，C 是 A 的烹饪教练。互为教练，是社会活动的常态。

获得教练支持后，接下来就是验证和修正。当一个人照镜子的时候，最重要的是采取的抉择行动，能否让平面镜中的你有所改善。照镜子需要有持续性，做出行动效果前后的对比，再跟进修正。反思企业经营管理，这个平面镜类比的意义是什么呢？就是企业中产品品质、经营规模、人员状态、组织能力、组织决策等，运用外力手段的客观反映。企业掌舵人需要照这个镜子。

我们以《新唐书·魏征传》这句名言作此节小结吧：以铜为鉴，可正衣冠；以古为鉴，可知兴替；以人为鉴，可明得失。

七、用行动体验克服认知障碍

谈到了镜子，我们会联想到阿尔茨海默症。这是一种认知障碍疾病。在这种病人的专门病房，是不放镜子的。因为当一个有认知障碍的人看到镜子里的自己时，会产生困惑，会陷入我是谁的沉思中，难已自拔。所以，针对有认知障碍的人的病房通常不放镜子。同时，护理人员，就是病人的镜子。

企业掌舵人是正常的人，所以需要有镜子，需要通过镜子处理前一章的无知之知。镜子，就是一种管理决策机制。如果镜子机制还没建立并实施，做决策就需要很谨慎。缺乏镜子机制，相当于心理独行仍在继续。你要有前进的同行者，而且类似镜子功能的人们，往往不是由你分配利益的被雇佣者。这样，他们才能履行好来给你反馈的职能。否则，取悦的动机与行为就难以杜绝。杜绝，要依赖机制，而不是依赖人品。

企业掌舵人运用镜子机制的过程，是不断地练习使用这些方法和手段的过程，直到熟练运用，从产生理解记忆到产生肌肉记忆，到互相形成共识与默契。这个过程，提炼整理企业掌舵人的思言行是本质，而且要以互动的方式把思言行表述清楚，质疑其中逻辑的合理性，不断优化与明确。这是以后进一步修炼觉悟领导力的基础。

互动中，要表述清楚什么呢？是大家的方向、目标和价值观；是方法、优势和劣势的分析与选择；也是通过做事，通过评价、反馈、沟通、再沟通，直到建立信任。这是建立行动体验的过程，是通过行动体验克服认知障碍的过程。人的学习有两种途径，分别是理解与体验。两者不能互相取代，却可以互相促进。再厉害的教练，都无法在书本上教会游泳，下水体验是必须的。本章处理无知的主题是需要在行动中体现的。行动体验，又会强化认知理解。

在教练互动中，不断面对来自教练的挑战与共同面对挑战，推动着企业掌舵人思辨地把思想与做法表述清楚，相比让企业员工按照企业掌舵人的表述来做，更为重要。

现实中，企业掌舵人要跟很多人打交道。在打交道的过程中，企业掌舵人随时都要表达。如果他表达不清楚的话，别人就只能靠猜。这就给误解或误会提供了土壤，团队的效率低甚至不信任也就容易产生。很明显，与创业团队进行思想调频的前提是企业掌舵人通过教练式镜子机制，论证并明确自己的思想。

这个过程，其实就是企业掌舵人运用外力，明确并清晰化自己运作企业的闭环底层逻辑的过程。对于企业掌舵人而言，底层逻辑相当重要。因为那是基本纲领，既是董事会关注的，也是管理层关注的。

思行一致当然重要，但前提是思路的底层逻辑稳定。这个前提是企业掌舵人通过行动，克服认知障碍修炼成的。这种修炼，往往需要借力而形成合力才能成就。

我们来看一个底层逻辑不稳的反面案例：某股评平台长期聘用 A、B、C 三位专家。每天只安排两位专家发言，第三位专家休息。而发言的两位专家，则在当天发表相反的观点。待市场真实表现，验证了当天某位专家的观点。那么，被验证观点的专家与前一天休息的专家次日再次上台，各自又发表相反的观点。而那位当天发言不符合市场真实表现的专家则在次日休息。如此循环，这是一种必然有专家言中的平台模式设计。细心的读者只要长期盯着 A、B、C 三位专家中任何一位的言论，就能发现他并没有稳定的底层逻辑，哪怕他曾经言中过，也不可信。

同理，企业的董事会和管理层也会用同样的视角去看待企业掌舵人的底层逻辑。

第三章　共享自处

一、企业掌舵人 vs 商业组织

在企业中，如何把企业掌舵人自愿的改变，向商业组织的运营改善方向推动？答案是显而易见的，就是要把做出改变的自处行为，公开地从企业掌舵人个体，向商业组织行为跨层面推动。否则，这种个体的改变，非公开地联动企业改变，不仅效应不明显，而且有风险。因为，非公开地进行，就不能得到合力的支持，更不能得到合力修正过往商业组织行为的偏差，从而把个体改变最直接地、最纯粹地、最大化地转换为群体改善。这并不是一个陷阱，而是组织行为学运作的根本动力。因为，这是企业掌舵人的必然使命。

企业掌舵人从处理无知到共享自处的发展，是自我突破的重要环节，是企业掌舵人能否蜕变突破的关键。

共享自处的核心，就是把自处从个人的状态推动到组织的状态。本节我们谈谈企业掌舵人和商业组织。

首先，企业掌舵人要面对两个重生，第一个是他自己的自我突破成长，第二个是带领企业再次腾飞。这个逻辑关系在上一章我们讲的是企业掌舵人的开放，这一章讲的是企业掌舵人的知行合一。为什么呢？因为第一章讲了认知，第二章讲了行动，这一章讲了知行合一。这是一个脉络，要循序渐进，不断强化。

其次，企业掌舵人的掌舵过程，其实是有生命周期的。但是对于一个商业组织，这个周期是更宽大的。简单而言，就是商业组织跨越更长的周期中，可能包含了若干位企业掌舵人。看看那些百年企业，其实是由若干不同时期的企业掌舵人，掌控衔接发展而走向未来的。其中，商业组织本身有其连贯共性和阶段差异特点；各企业掌舵人之间又有其交集基因和个体创造价值的不同。

能否建立一个学习型商业组织，取决于是否有一个学习型的企业掌舵人。建设学习型商业组织有五个阶段：自我超越、改善心智模式、建立共同愿景、团队学习和系统思考，每个阶段都离不开企业掌舵人与商业组织的互动。

二、共享自处的实质

共享自处的实质是什么呢？其实就是不给自己留退路，创造破釜沉舟的状态。共享自处应遵循三条原则，就是公开、公正、公平。第一，公开，其实就是让共享自处达到透明，让所有商业组织的相关机构和组织成员能看到这种自处和改变。第二，公正，公正就是建立监督机制。第三，公平，就是要列出衡量标准，列出专门的检验参照，从而可以判断究竟企业掌舵人有没有做到。

对于商业组织，不给自己留退路，需要考虑生产力各要素关系的平衡。在这些要素中，关键是让企业掌舵人考虑生产关系的适时转变。

生产力三要素包括生产资源、生产工具与生产者。通过生产资源促进生产力，资本或资金是关键因素；通过生产工具促进生产力，科技或应用是关键因素；通过生产者促进生产力，能力或意愿是关键因素，如图 3-1 所示。

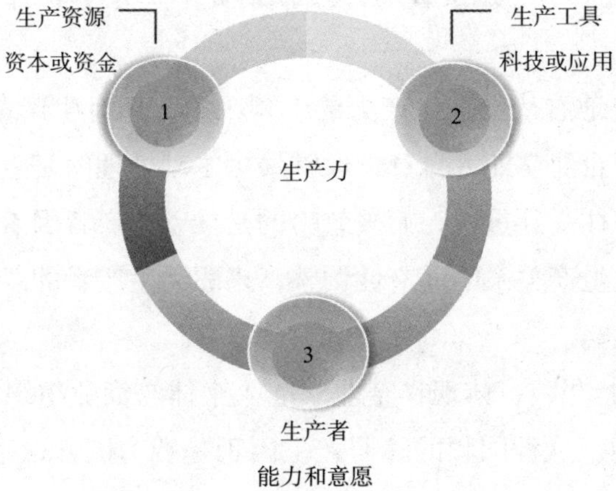

图 3-1　生产力三要素

生产者能力的提升，是靠对人的重视，在人力资源管理的选用育留过程中，加大企业中学习培训的投入，这种投入包括金钱、时间、人力，以及可能的犯错或试错的机会。众所周知，如果被要求只能做好，不能做错，人的状态可能是消极被动的。若有试错机会，人的主动性可能提高，尤其对于具有赋能潜质的人才，更是如此。

生产者意愿的提升，是靠生产关系的转变。这种转变，是由雇佣关系向半雇佣半伙伴关系，再向伙伴关系的转变。所谓伙伴关系，就是企业所有权一方把资本、资源、技术、劳动等因素，都同等视为生产投入（比例按具体情况自主商定）。因此，在成果成效分配时，各投入方享有同等层次的分配权利（分配比例依据自愿自主商定的标准）。生产者的劳动，不再是资本或资源等因素投资的标的，而是与资本、资源、技术等因素同属性的，是为生产产出而投入的其中一个方面。

生产关系的转变，是带来生产者意愿提升的本质推动力。现实中很多案例可以很好地说明这一点。当然，这种转变也具有当下划时代意义。银行抵押贷款中，过往常见是证券、物资、地产等，如今开始逐渐增加了专利、版权、人员专业资格、文化等。这种变化背后的原因，其实与生产力提升的新破局点，即从资本单一元素破局，过渡到资本 + 人本联合元素破局，是同源同理的。

我们应系统地看待促进生产力的干预因素，还有生产资源与生产工具。但在当前，对于企业掌舵人自身，通常最可主动处理的是生产者的因素。生产者能力因素往往受到重视，而被忽略的是推动生产者因素中的意愿。具体而言，就是通过生产关系的适应性调整，来驱动生产者的意愿的做法，通常被企业掌舵人忽略。

共享自处的“共”，体现在企业掌舵人个体与商业组织在思维方式与行为方式上的同频。这种同频的障碍，主因不是智力因素，也不是技术因素，更不是情感因素，而是利益分配因素。更具体地来说，是利益的同质因素，不是利益的同源因素。这是一个关于出发点的主题，比例多少只是具体的细节问题。要达到放弃心理独行，就得有利益共同体。一旦利益共同体形成，接下来倡导主人翁精神，放弃心理独行，运用合力产生的催化剂手段，等等，都只属于技术因素。

企业掌舵人的共享自处，应以这个方向作为参考指引。其核心本质就是唤醒企业再次腾飞曲线的驱动力。这种驱动力的来源，是从已转缓慢的资本推动人力效率层面升维拓展至日渐强化的人本推动资本效率层面。

至此，企业掌舵人要明白自我突破的真正意义。为什么需要从认知开始，再从认知到行动，还要从行动到知行合一。

三、学会示弱

学会示弱，就是企业掌舵人要找到自己在商业组织中的合适位置。这不仅是指企业掌舵人，还包括组织中的所有成员，该强则强，该弱则弱。什么意思呢？就是要智慧地认识到自己的弱，要真诚地向你的伙伴与同行团队共享展现；要认识到他人专业领域的强，要信任地把专业的事交给专业的人。

当然，这么做的前提是，共享的本质得到了保证。企业掌舵人要厘清自己角色分内的事情与擅长的事情分别是什么，自己做的该把它做好；该授权交给别人的，那就交给合适的人去做。这不是虚伪，而是在共同利益的基础上，各司其职，各展所长。

在传统观念里，强势更像是领导力的代名词，人们习惯地认为，工作生活中只有强者才能占据上风。尤其是在管理实践中，大多数领导都很强势，喜欢通过“自己说什么都对”的态度，来显示自我权威；或者碍于面子，做任何事情都逞强。但实际上，很多时候，“示强，反会处于弱势；示弱，反而容易得到尊重”。在当今的企业界，学会适时示弱，已成为每一位成功领导者必备的能力。示弱不是真正的软弱，而是权宜变通之法；示弱不是妥协，而是一种理智的容让。

那么，领导者究竟为何需要精通示弱的能力？今天，大部分企业仍在推崇个人英雄式的领导者，以及固有模式的组织层级设计。这不仅局限在员工敬业度、授权赋能、组织灵活性和创新上，更限制企业应对不确定世界和未来的能力。在未知世界，对企业领导者来说，仅仅秉持正确的个人价值观与愿景，带有英雄人物和颠覆者的视角，是远远不够的，还需要具备示弱的能力。因为在这样的背景下，一个人想要积累足够的知识，解决所有问题，基本上是不可能的。相互依赖和不断变化，成为常态。而示弱，正是应对这种复杂形势的关键生存技能。

人的真正领导力来自哪里呢？心理学家丹尼尔·平克指出，我们的成功在很大程度上取决于影响他人的技巧。影响他人有两种基本方法：建立支配和获得声望。那些特别强势的领导者，更善于对下属建立支配性。但获得了支配性，并不意味着领导者就真正获得了影响力和声望。事实上，你适度地暴露弱点，反而会让他人更加欣赏和信赖，在心理学上称为“示弱定律”。所以领导者要减少对下属的控制欲，并想办法让下属有亲和感，主动充分地表达观点，从而催生有建设性的批评和建议。一个人位置站得越高，就越应该具备开放的心态，从而为团队营造一种包容、宽松的沟通氛围。企业掌舵人获得了支配性，或许可以获得员工敬业的行为，但不意味着获得了员工敬业的心。因此，员工们的行为效果，要么在行为质量上打折扣，要么在行为持久性上打折扣。

我们生活在一个充满不确定性的时代，那些看似布局完美的计划，有可能会在企业的经营轨迹中，被突发事件改变后一一落空。所以，那些过度自信的，坚持要以强势或专制的方式来处理问题的领导者，可能会吞下失败的苦果。懂得示弱的领导者则不然，他们将谦虚地寻求各类建议。而解决问题的真正方法和处理难题的恰当时机，恰恰在观点的充分碰撞与探讨中浮出水面。善于示弱的领导者，明白用示弱来督促自己学习，会在向雇员们的学习中不断进步，从而持续增进对企业、对市场的理解，也能由此为企业赢得未来；而那些刚愎自用的领导者，苦苦挣扎逞强，将会成为他们工作的常态。善于示弱的领导者，更可能在充当合力黏合剂的过程中为企业赢得发展。

比起独断专行，勇敢示弱的姿态更有力量。很多时候，身处领导职位并不意味着就拥有领导力。如果领导者从不示弱，当你需要下属配合时，他们往往认为你太强而选择消极配合。这样一来，管理者得到的帮助是最少的，企业掌舵人要想顺利完成一项工作，往往会付出更多精力，承受更大压力。

汉高祖刘邦公开示弱说，自己谋策不如张良，治国不如萧何，打仗不如韩信。言下之意是下属的业务能力都比自己强。他看似一无所长，但却能把这些优秀之人聚在一起，借助众人之优势成就一番伟业。

示弱，不是退缩，而是要让下属看到，你对自己的不足有清晰的认知，并愿意依赖下属的能力和资源，来完成团队协作。领导者把姿态放低，这不但能拉近彼此之间的距离，也会激发下属的自驱力，让其感受到自我价值，从而易于形成合力，共同创造出意想不到的业绩。

四、从授权到赋能

企业掌舵人的时间、精力和能力毕竟有限，有些事情需要授权让别人去做。企业掌舵人要推动从自上而下的授权方式，提升自下而上的自发行为方式，这就是赋能的过程。

英文中有两个词，翻译成中文，都有授权的意思，可本质上是不同的。Delegation 翻译为中文，是从上级向下属的授权委派工作。Empowerment 翻译为中文，是下属向上级授权赋能，主动要求承担某种职责任务。

史蒂芬·柯维博士在《成功人士七个习惯》中，认为丽思·卡尔顿是世界上服务最好的公司，因为他本人有过类似的经历。柯维博士在一次入住该酒店时，因被拖延未能准时入住，感到不满。次日，他不经意地向清洁工诉说了此事。这个清洁工了解并确认事实后，当着博士的面打电话给前台，免去了他当天的房费。清洁工对博士说，请他留下这个费用，用于下次入住本酒店，检查服务是否有改进。柯维博士好奇：这位清洁工是否是酒店高层？而清洁工回应道，她只是基层员工。这么做，是由于公司与大家达成了愿景承诺，通过努力合作，让公司成为服务最好的酒店。每位员工，每年有一次权利，当发现存在服务问题个案时，免去客人房费，目的是争取机会，维护并挽回酒店声誉。那个免去的费用，是由员工与公司各自承担一半的。这位员工表示，她毫不犹豫地使用了那个权利。柯维博士之前并不认识这位清洁工，不存在联手合作，住半价酒店的可能。而清洁工主动这么做，不是自上而下的授权委派，而是自下而上的授权赋能。之所以会有这样的情况自然发生，是因为员工与公司构建了利益共同体，她认同了公司的愿景，而且也具备了能力，企业文化又支持员工的这种自主赋能行为。所以，柯维博士在书中称，该酒店是自己认同的全世界服务最好的酒店。

企业常谈“以人为本”。可是渐渐地“以人为本”成了一句口号，行动中走走过场却忽略了其本意。企业往往要求员工做奉献，要求他们为企业服务。实际上，企业领导者也要考虑员工的需求，不仅关心员工的工作，还要关心员工的生活，员工的成长。真正的以人为本，就是要让每个人的需求都得到关注与满足，获得幸福感；当需求得不到满足时，也有宣泄的途径，从而使社会变得和谐。需求又分为物质需求和精神需求两个层面。物质需求属于零和关系，企业可以通过利益的调整取得平衡；精神需求属于开源关系，精神需求某部分是可以共享的，如企业成功之后的荣誉感。

当然，我们不能指望找到一把钥匙能够打开所有的门。那么赋能最核心的关键是什么呢？是“磨合”。并不是企业掌舵人这么做，就一定能够有这个效果，或者遇到了有素质的员工，就一定能带来良好结果。其实都需要磨合。这就有点像机器试运行的过程。企业掌舵人对商业组织与员工的共享自处，员工的远景与公司远景的一致，员工的潜在能力，企业文化的支持，都是磨合的组成部分。可以确定，这是可能且可以发生的。这种情况下，企业掌舵人无论心理与行为上，都不再是独行者。在带领商业组织再次腾飞的征程上，这就是企业掌舵人的根据地。

五、避免集体智障

集体思维是一种心理现象，是企业运营中要避免的现象。人们追求在群体中争取共识，从而获得归属感，避免被孤立。在这种因素驱动下，人们会抛开个人信仰，采纳群体中其他人的意见。

这和羊群效应是同一个道理。试想，一群羊中间位置的羊是不可能知道方向的，它们只看到一个一个的同伴，同时感受到自己是在羊群的主流中，没有落伍。而在羊群边缘的羊，是有可能看到方向的。可这些羊因知道自己处于羊群的边缘，有掉队的危险。它们往往出于心理的主观因素，会放弃看到的客观方向因素，努力要向羊群中间位置移动，从而保持与羊群主流一致的步调。

同性质规律下，人群集体思维就出现了。群体思维形成后，接踵而来的就可能是集体智障。因为缺少了质疑的声音，出现集体智障就是迟早的事。

企业掌舵人好不容易走出心理独行，却又面临集体智障，如何避免呢？

实事求是地说，只能相对避免，无法彻底避免。那如何相对避免呢？

首先，集体思维和心理独行都是心理现象。应对之路，不在主观层面，而在客观理性层面。具体的做法是降低心理因素，甚至去心理化。应对企业掌舵人的心理独行的方法是开放，向商业组织共享公开。应对团队的集体思维趋向建立实事求是的企业文化，鼓励真实前提下的差异化，让企业文化为个体的差异铺垫包容的氛围。

其次，建立制度，确保对事不对人的求实规则。各种制度的支撑点是分配制度。企业掌舵人在分配制度支持的规则上倡导什么行为，就会得到什么行为。这就是做法上的保障，归根结底，还是企业掌舵人在利益分配上的开放度。

要避免集体智障，要以企业掌舵人的共享自处来带动管理者，以及执行者的共享自处。这个时候整个商业组织就能动起来了，动起来就会更充分地投入，充分投入就会加快磨合。这种磨合，如同商业经济中市场那双无形的手，使企业不断推动自我完善和发展。

能够恒久发展的企业，其决定因素往往不是科技，不是商业模型，不是资金，而是承认自己的商业组织有不足，然后不断进行修正和学习。这样的组织归根结底就是一个学习型组织。

一个学习型组织是个结果。它的形成过程，就是商业组织要进行学习。商业组织的学习，体现在运作方式的改变，没有改变就不可能有改善。当然，从运作方式的改变到改善是一个不断磨合的过程。所以，共享自处并不是指企业掌舵人本身要向谁坦白，而是指这个商业组织本身要进入到一种磨合阶段，而这种磨合是多方进行的。企业掌舵人就扮演领头羊或火车头的角色。

集体智障，如同个人的盲目象限，要通过外界方式辅助，才可能被看清楚。

六、企业文化与学习型组织

企业中合作互动的这群人，在工作中形成的思维模式与行为模式的总和，统称企业文化。有什么样的企业掌舵人，就有什么样的企业文化。企业掌舵人在自我突破过程中共享自处这一环节，就是缔造企业文化的起点。

忽略企业文化建设，往往是商业组织无法实现腾飞的核心原因。首先企业文化与组织战略的关系是密不可分的。共享自处要从个人的自处，到商业组织的自处，都需要建立学习型组织的方式来实现。

学习型组织与学习型体验是有关的。学习型企业掌舵人在学习体验中需要批评与自我批评。

既然是学习型组织，只有透过不同的个体才能实现学习。而个体要学习的话，企业掌舵人就要避免家长式心态。正如彼得·圣吉在他的《第五项修炼》中所描述的，第一项修炼是自我超越，企业掌舵人要接受批评，放下权力，找到适合自己的位置，突破才能从个体过渡到组织，整个组织才可能会被激活，员工们才能够开始学习超越自我。

本章的关注点，是从企业掌舵人的个体转到组织整体。企业掌舵人就好比一只领头羊，你得带好头，这不仅是个人的事情，而且是整个商业组织的事情。

最重要且最本质的，就是把个体思维行为推进到整体商业组织的思维行为。而个体的代表是什么呢？是企业掌舵人。我们谈企业掌舵人的共享自处，不是对外相处，而是向自己领导的商业组织对内共享自处。当企业掌舵人可以共享自处的时候，整个组织就有机会进入学习型组织的状态，组织行为才能向改善的方向发展。

如何推动整体学习呢？举一个真实的例子，某企业各部门负责人，学习并应用跨部门协同沟通的方法与工具，而且企业掌舵人也在场。他们讨论的是企业的现实问题。大家对理论的学习已经足够，而且各自的管理经验与能力也都足够。可是，大家对方法的应用只是流于形式，具体表现为在关键方面都表示要等一把手做决定。而一把手碍于情况了解有限，确实没有想到最佳的方案。时间紧迫，又必须按时做出决策。企业掌舵人为避免再出现以往独自拍板，而决策又不理想的情况，于是采纳了顾问私下给他的建议，向大家宣布，在他的权限内拿出待决策项目利润的若干比例，分配给大家。

接下来，有趣的事情发生了。大家依然使用原来所学的方法，最大的不同就是大家犹如变成了项目的主人，方法的使用从只有形，发展到既有形又有神。通过一个多小时的讨论，得出两个可行性方案供一把手拍板。而且，还客观列出了两方案的利弊比对。该企业掌舵人在可行性方案中，选出了最佳方案。后来，这个项目取得了满意的结果。这个讨论的过程，引起了所有参与者的深刻反思。反思大家思维与行为模式的前后改变，其实就是企业文化的变化。当然，也要反思这种改变的根本原因。后来，该企业掌舵人在顾问建议下，经过反思，写了书面总结。

本章内容中，“磨合”“从改变到改善”就是来自以上案例企业掌舵人的书面总结。这其实是一种行动学习，是知行合一的修炼与觉悟。以上例子的当事人一直是学习的主导者与受益者，他在此过程中运用了来自顾问的“镜子”辅助反映作用，利用“镜子”的作用，作了反复的检验。

反思这个案例：个人学习之和，不等于商业组织就有了学习。只有使整个商业组织从个体到整体的思维模式和行为模式发生了磨合，才有可能实现组织行为的改变乃至改善。这种磨合，其实就是团队学习。

团队学习的过程，与商业组织的财务有多雄厚，科技有多先进没关系，而是与运作上的磨合密切相关。这种磨合的本质在于，上至企业掌舵人，下至管理者，都认为自己有不足，而且愿意做出思维与行为的同频改变。

改变的第一步是共享，愿意让大家来监督，实行批评与自我批评。但是企业掌舵人的改变不是为了个人的改变，而是推动组织行为的改变。

个人到组织的改变需要系统思考。什么叫作系统思考？很多人误以为是个体的系统思考，所以企业掌舵人就高高在上，把自己比作家长，想好了就指挥大家去做。这是对系统思维的一种误解。

事实上，如果不从企业掌舵人过渡到整个商业组织，学习型组织是无法形成系统性思维的。系统性思维，是由大家共同定义未来和发展方向的，是一种大家共识并运用的思维模式。不少人认为，企业文化与学习型组织是务虚的工作。一旦这个工作做到位了，企业掌舵人就能体会到其中的精妙。

第四章　创新改革

一、谈创新

什么是创新？创新是指人类为了满足自身需要，不断拓展对客观世界及其自身的认知与行为的过程。具体来讲，是人为了达到一定的目的，对事物的整体或某些部分进行改革，从而使其得以更新与发展的活动。

那么，人类创新的动力是什么呢？归结起来，创新有三种动力属性：第一，人性因素驱动；第二，社会因素驱动；第三，资源因素驱动。

所谓人性因素驱动，就是人自身具有的特性，这个很好理解，生活中太多例子可以说明。遥控航拍，满足了视野好奇心；长者警钟，满足了求助需要……

所谓社会因素驱动，就是人与人相处互动，其中约定俗成的规范规则，成为推动创新的力量。比如，微信朋友圈功能的出现与不断优化，满足了人们信息交流的需要。

所谓资源因素驱动，就是客观世界的资源有限而又能量守恒，自然就成为推动创新的又一属性。例如，随着新能源行业的发展，废旧电池环保回收再利用应运而生，成为快速发展的新业态。因而，这个领域的技术应用场景等，就有了各种应用性创新。

这三类因素的结构，其实与本书的觉悟三叶草模型是对应的。三种驱动因素，人性因素驱动对应与自己相处，社会因素驱动对应与他人相处，资源因素驱动对应与生态相处。

创新是与时俱进的，此刻被采用或被接受的创新，随着时间的推移，将来也可能会被取代。认识创新，是企业掌舵人及其领导的商业组织必须进行的。尤其企业掌舵人经过共享自处，引领商业组织建立学习型组织之后，创新就是组织学习的聚焦方向。

前文已经阐述，企业再度腾飞，主因是依赖群体创新。而群体创新需要员工敬业度的支持。那么，群体敬业度的土壤又是什么呢？管理方与被管理方携手推动同向的使命驱动。这个状态，读者可从前文丽思·卡尔顿酒店清洁工授权赋能的例子感受到。

这种状态对企业掌舵人有双层要求：第一层要求，是感性中放下对安全感的即时满足；第二层要求，是理性中放下对一定周期内资本投资回报率的关注。同时，在理性中，加强对这个周期内可衡量的群体敬业度这一人力指标的关注。一位研发出身的企业掌舵人曾分享他掌管研发部门的心得体会：立足员工的视角，就是自由 + 能力 + 使命驱动。这三者是很难兼得的三角因素。如果可以兼得，企业掌舵人必须修炼到位，承受得起挑战。如果兼得，企业的研发部门职能就很大可能会成为企业发展主要增长点的竞争力来源。

这种状态，对于员工也有双向挑战，就是能力到位，以及使命驱动到位。

这种状态，对于企业掌舵人与员工双方同时有双向挑战，就是在进行学习型组织的共同探索中，建立了明确共识的愿景。

以上这种状态的各种要求，通常是结构化的。这种结构化的合力，是建立在企业掌舵人自我突破的基础上的。赋能的员工群体，来自企业真正赋予他们对自己命运的掌控权。特别是在企业面对各种挑战时，企业会因此获得热情洋溢且具有创造性的赋能员工。其中的核心原则，就是结构化的合力。

本节主要讲了创新的两个关键元素，一个是人，一个是事。人，指的是对企业掌舵人，对员工，以及对企业掌舵人及员工双方这三个维度不同对象的种种要求。事，指的是对创新这种活动从起源动力到未来发展的普遍规律。关注并推动创新是推动企业再次腾飞的必然出路。

二、创新的两种形式

商业组织创新进步的升阶途径，包括改良与革命两种形式，合称改革。

改良，是在原有基础上优化改进。革命，是全盘否定原来的基础，推倒重来。两种方式的合力，孕育出创新。这两者追求的目标是一致的，但方式是有区别的。因此，所需的前提与代价存在差异。

改良，通常是革命的前序尝试，如果改良可行，为保持稳健前进发展，应避免革命方式。革命，通常是在改良无法奏效而阻碍因素又被激化时，才采用的手段，使用时要非常谨慎。

革命式创新通常面临三个风险：第一，容易被其他动机利用，因为采用全盘否定原来基础的强烈方式；第二，难以用同样的方式取得再次进步，因为第二次的全盘否定也否定了第一次建立的根基；第三，相对于改良式创新，革命式创新相对缺少可持续发展的技术性准备。所以，革命式创新需要的成本代价与需要承担的风险会更大。

改良式创新，是迭代发展的常用方式，虽细水长流，但持续的作用不可小觑。改良过程中，会关注瓶颈薄弱环节，通过调整系统来达到，确保在整体产出提升稳定可控的前提下，缓解薄弱环节。这是一个动态的调整过程，既要保证总增量持续，又要保证瓶颈舒缓。企业掌舵人突破重重阻碍，获得升级。这也是守业与创业共同经历的过程。

创新的效果：短期看资本上对股东的投资回报率，长期看企业的组织能力与团队群体敬业度这两项指标的变化。前者以资本为导向，后者以人为本为导向。这两者实质上不矛盾，是“动态平衡”的，是可以获得同向提升的。

用改良方式创新无论怎么改，前提要保留一种确定性，确定性给创业团队带来安全感与归属感。而用革命方式创新无论怎么改，前提要创造一种不确定性，不确定性给创业团队带来机会感与开创感。其实，本质就是确定性与不确定性的辩证关系。

这里的本质与下一章的传承迭代是有关的。企业的发展历程中要保留的确定性，往往与创业的初心关联；企业的发展历程中要争取的不确定性，往往与创业的新增价值关联。

对于商业组织的改良式创新与革命式创新的选择，并没有标准答案。可能需要考虑的是代价、阻力，以及未来发展与当下生存的平衡，等等。而对于企业是改良更是革命，可以从企业的生存发展和市场的认同接纳以及客户的价值体现中找到答案。

评价与总结，会有主观的角度，也会有客观的角度。无论从哪个视角来剖析，把握好事实、逻辑、观点、立场四个元素，四个元素的边界以及四个元素之间的相互联系是关键。

事实，是指客观存在的，并非主观臆想的现实。要区分局部的事实与整体的事实。要区分主观选择的事实部分与客观反映而未被主观收集的事实部分。

逻辑，只有公共的逻辑；哲学，只有个体的哲学。两者不要混淆。朋友聚会吃饭，描述吃一顿多一顿，或吃一顿少一顿，都是合乎逻辑的。就如辩论比赛中的正反双方，都可以用逻辑为自己的观点进行论证。关键看逻辑为什么样的论点提供论证服务。

观点，有明确与不明确的区别，有前后一致与前后不一致的区别，没有正确与谬误的区别。因为都是主观选择的，最多存在对与错的区别。也就是：对是指相对应，错是指不对应。

立场，是指立足点。根据觉悟三叶草模型，最底层的立场选择是与自己相处、与他人相处、与生态相处这三个方向。立场的选择，会影响事实的收集，会影响逻辑的运用，会影响观点的确定。

把握好事实、逻辑、观点、立场这四个元素的边界，以及四个元素之间的相互联系，其实就是修炼看待事物的视角与思路。

思维形成过程，受若干观点之间的共性贯穿联系的影响；视角形成过程，受思维方式、方向的影响。

这里的修炼，无论对于改良式创新，还是革命式创新，甚至混合形式的运用，都是企业掌舵人的必修课题。

三、创新的阻力

在谈创新的阻力表现前，先谈一下组织与团队的不同。

组织能产生合力，团队也能产生合力。究竟区别在哪里?

可能有人误以为，组织包含团队，或者团队包含组织。其实，这两种情况都可能存在，却不是组织与团队区别的本质。

比如，一个商业组织，为了某个项目，抽调不同部门的人组成项目团队。项目结束了，团队也就解散了，可组织与架构还在。这种情况是组织大于团队，组织包含跨团队的成员。

再如，当年在同一个商业组织工作的人，原公司已经注销，大家也分别去其他不同的新商业组织工作。但是当年这群人还可能是同一个团队的，只要在互相认可的目标引领下，共同合作。这种情况是团队大于组织，团队包含跨组织的成员。

可见，以上情况并不是组织与团队的本质区别。那么本质区别是什么呢?

首先，组织中的人走到一起源于契约。比如，我们是同一个公司的员工，事实是每一个个体都跟同一个法人发生了契约关系，才走到一起的。这群人并没有主动选择彼此而走到一起。实际是法人的选择，使他们被动走到一起。就立场而言，就是先有个人利益选择，再有集体利益选择。

其次，团队中的人走到一起源于共同的目标，主动互相选择走到一起。

成员走到一起的动力与动机不同，这才是组织与团队的本质区别。虽然这两种方式都可能形成合力，可是形成合力的驱动原因是不同的。组织形成合力，是在契约的前提下，由于组织的管理而推动产生合力；团队形成合力，是在认可共同目标的前提下，由于群体的自我完善而推动产生合力。

这两种人群形态，可能共存，也可能独立存在。所谓独立存在，即人们之间，要么只是职业经理人之间的组织关系，没有团队关系；要么只是团队成员之间的关系，没有组织关系。

需要注意的是，在常规情况下，这两种形式都可以产生合力。但是在改革中的特殊时期，组织形式的合力会被制约，只有团队形式的合力可能正常发挥。

道理很简单，因为组织是基于契约，但是很多改革中，连企业掌舵人都不知道会向什么方向改变，或者改变成什么样。这个时候，契约不起作用，因为契约原标的已发生变化，新标的新契约尚未形成。这时候，能起作用就是互相认可的目标方向，是团队的合力。推动改革创新成功的密钥就在于此。

这正是本书多次强调企业掌舵人要突破心理独行，实施共享自处，与商业组织关键成员建立团队，形成合力的原因所在。

在众多推动企业改革创新的实践中，都是以团队合力实现组织改革创新，而不是以组织合力实现组织改革创新。

最糟糕的状态是：组织在，团队也有。但是组织任命的领导者，他并不是自然形成团队的领导者，甚至连自然形成团队的成员都不是。这时，在原组织中出现了各种不同利益目标的群体。这种状态下，商业组织的改革创新会相当危险。轻则改革创新不实现；重则商业组织解体。

所以，最理想的状态是又有组织又有团队，而且组织领导者与团队领导者是叠加统一的企业掌舵人本人。这种状态下，可以避免分裂，避免合力萎缩，促进合力最大化。实现这种推动改革创新的前提是企业掌舵人按觉悟三叶草中自我突破的次序，从无知之知，到处理无知，再到共享自处，进而改革创新，层层突破创新的阻力……

创新的阻力会有哪些表现呢？

第一，既得利益群体反对。相信大家都会明白，对于既得利益群体，他们最习惯的想法和做法就是保留原来的流程，原来的模式，这样既得利益可以得到稳固和延续。

第二，僵化的思想。这很自然可以联想到自我突破。不仅企业掌舵人需要自我突破，团队成员必须跟随进行自我突破。奖优罚劣的措施是必要的，要让团队成员体会到，行动上追求创新，迎接创新，是会得到实在好处的。

第三，来自企业内部。就是缺乏危机感和紧迫感，要居安思危。很多企业完成一次腾飞的时候，就会处于安逸的状态。这时候，有经验的企业掌舵人会刻意去营造危机感和紧迫感。因为在危机感和紧迫感之下，人的思想动力才会被激活，创新性才会被激发。

第四，来自害怕冲突。由于担心意见不统一会损害合作。改进需要勇气，就是要有魄力。要正视冲突、敢于面对冲突，以及有能力去处理冲突。冲突包括自己内心的冲突，还有外界的冲突。

改革创新的阻力固然会有，关键是通过建设、领导、发展团队，获取破解创新改革阻力的动力。

四、改革创新的陷阱

改革创新过程中有一个致命点，就是资本获利程度，如果大于生产力发展可能性的承载，那对于商业组织将是毁灭性的。企业可以进行很多改革，进行很多创新，但是要遵循规律。比如财务方面杠杆加得太高，推动生产效率提升的投入远比不上获利的比率，企业将面临生死攸关的风险。这样的改革是致命的。哪怕短期内能够生存或者盈利很多，长期的问题也会显现。

为帮助理解改革创新的陷阱，我们先来了解“熵增”。熵是热力学的概念，通常被解释为系统中的无序或随机的程度，使系统热能无法转换为机械动能。当熵处在扩大情况下（熵增－从有序到无序），整个系统（商业组织）将无法持续正常地运行，直到消亡。例如，汽车引擎一直处在空速运转的情况下，热能无法转换成为推动前进的动力，若驾驶者继续踩着油门，整辆车最终就会出现熵增极端（热爆）的情况。同理，企业经营管理在无序状态下，各种投入无法转化为有效产出，这时若还强化推动因子就类似于踩油门，导致热爆式的企业高风险爆发。巴菲特称为商业组织濒临安全边际。

有了以上概念基础，我们再来回顾在第三章“共享自处”第三节“共享自处的实质”中谈到生产力有关的有三个要素：生产资料、生产工具、生产者。生产资料，推动的根本因素是资本，包括资本的投入与回报。生产工具，推动的根本因素是科技，科技的开发和应用。生产者，推动的因素是员工的工作准备度，工作准备度包括能力和意愿。关于生产者能力，的确围绕着人力资源管理的选用预留，尤其是选了之后的“育”和“用”很重要。关于生产者意愿，与生产关系密切相关。

生产关系，不仅关联着生产者意愿。根据生产力综合状态决定生产关系的规律，生产关系还是生产力转化为企业产出的枢纽。事实上，由生产资料、生产工具、生产者三因素共同构建的生产力与生产关系相匹配，企业产出才能有效产生。如果生产力因各种推动因素强化导致变化，就可能出现生产力与生产关系不匹配。这时，不去调整优化生产关系，反而继续加码推动因子，如继续增加财务杠杆，导致生产效率的提升，远比不上获利的比率，那么企业将面临生死攸关的风险。

这就是商业组织改革创新的陷阱。如今，市场资本运作相当成熟，科技发展空前迅速，对于生产者的推动因素相对是滞后的，尤其在企业中的生产关系上。这将成为新时期许多企业改革创新的重要突破点。

之前章节我们谈氛围、谈自主性的时候，一直都避免深谈生产关系。因为那时候思路阐述还不成熟，但是在本章学习了企业经营管理的熵增原理后，就可以深刻地思考生产关系了。企业再次腾飞的准备，我们应该从对资本的单一关注发展到对资本＋人本的关注。因为，改革创新的目的是推动企业的可持续发展。

五、资本 vs 人本

为未来回报收益而做的当前投入，是社会人在生存过程中群体互动的普遍动机。这种行为模式是人类区别于动物而特有的社会属性特征。而回报的形式却被人们习惯性地锁定在资本主题上，甚至成为考核各种投入回报的第一标准，更甚者成为唯一标准。

这样的考核标准，对于企业的可持续发展往往存在巨大的隐患。

一位资深投资顾问与一位资深领导力顾问交流投资经验。投资顾问分享了关于期货、黄金、股票、外汇、债券、艺术品等的心得。领导力顾问回应：你说的这些我都不懂。感谢你的分享，让我学习了许多。可这些在我眼中，不过是冷兵器时代的东西，犹如在风中劈砍刀剑。投资顾问马上追问：那什么是枪炮？领导力顾问坚定地回答：是人本。你们决定是否投资项目，最后拍板与否，难道不是还得看人吗？

从人本看待资本，必有其特有的视角。众所周知，马斯洛的需求层次理论，关键在于如何运用。带过团队的领导者通过实践可以知道，如果团队成员已获得了低层次需求的基本满足，又不向其指引的更高层次追求，成员就会加倍地索取已基本满足的低层次需求，比如钱、物欲。那么，在人的能力局限与无限的低层次追求之间，就会随着如此态势的发展，加速管理熵增。

解决之道，就是领导者与其去满足每个人各自的且过分的（已达到的基本满足）低层次需求，不如去创造多数人共同的且未达的（可达到的新高挑战）高层次追求。简单而言，就是用人本导向的投入回报模式去突破马斯洛的需求层次理论的局限。举个例子，匈牙利诗人裴多菲的诗："生命诚可贵，爱情价更高。若为自由故，两者皆可抛。"从中我们可以看到，为自由可以不要生命，很明显需求层次理论已被颠覆。背后的动力原因，就是追求更高级别的自我实现的人本导向回报模式。

从资本看待人本，也有其特有视角。给大家讲一个故事。一位朋友家里漏水，折腾了两周才找到漏水的源头并处理完。原因是漏水的源头非常隐秘，是在穿过楼层间隔楼板中的水管出现裂缝，的确不容易发现。而找维修师傅来处理的过程，相当值得回味。当时，朋友先后请了五位可信任的师傅来察看。除了第一位师傅外，其他四位都是在“望、闻、问、切”式地了解情况，寻找漏水原因，而且都没找到原因。第一位师傅只看了一分钟，就报了一个高于常态许多的价格，说可放心地交给他。

问漏水原因，这位师傅回应无可奉告。这位师傅也清楚朋友曾请过其他师傅来，他怕失去生意机会。朋友琢磨，这个师傅要么真知道该怎么处理，要么是个胆子很大的骗子。而其他师傅传来参考信息，所住小区过去十几年来，都是这位师傅成功地处理了各家的漏水难题。综合考虑，我的朋友答应了高价，也顺利解决了问题。

反思，从资本看待人本，在费用可承担的前提下，达到解决问题的结果（找对人）是最重要的。而控制投资回报率的过程目标，或者称支持目标的分任务是次要的。否则，楼板中漏水时间再延续（已折腾两周），就可能会损坏楼板中的电线，影响用电安全。

投入回报模式，应该人本与资本相辅相成，不应摒弃任何一面。以上这句绝对正确的大道理说一次就够了，说多了就有空泛之嫌。

在商业组织中，关键是如何向人本导向收取资本导向的“作业”，以及如何向资本导向收取人本导向的“作业”。收“作业”，其实是对产出的比喻说法。

向人本收取资本的“作业”，最终就是要呈交“人均产值的变化率”这个指标。人均产值可能与市场表现有关，但人均产值的变化率一定与人本的投入产出长期做法的效果相关。这个最终指标，还需要许多相关的人力资源管理指标支持，支持其可持续发展，而不是支持其某阶段利益最大化。

向资本收取人本的“作业”，最终就是要呈交可承接与承担企业发展不确定性，换取不同于原轨道发展机会的人或人群。这个最终指标还需要许多相关因素，要从企业掌舵人那里获得支持。

六、创新的保障

在许多争取再次腾飞的企业，他们创新改革的具体案例中，我们看到关注人力效率的多，关注人力资本的少。事实的结果是，创新很难，或者根本创新不了，这是有系统原因的。我们对这类实现了初次腾飞，又面临再度腾飞压力的企业，专门提出人本的问题，希望这些商业组织关注人本。本章关于改革创新，并未谈到具体的措施，因为这只是传递思路。思路是对应这类事的，而若需要针对某件事，还要具体分析具体处理。

治大国如烹小鲜，企业管理跟做菜相似。两个厨师，用同样的材料做出来的菜却不一样，可能就是因为工艺和工序不同。什么时候放盐，什么时候放油，什么时候放酒，是很讲究的。如果你的团队尚未建立好，那么推出生产关系的改变，那就不是合适的时机。但是什么时候推出生产关系的改变，让大家愿意吃苦，又能换取积极的配合，是对企业掌舵人管理能力与管理艺术的双重考验。

应该怎么做呢？对于创新改革来说，很重要的就是企业掌舵人从个体的改变，发展到商业组织的行为改变。创新的保障，具体包括策略保障、机制保障、文化保障、标杆保障等。

第一，策略保障。在价值创造、价值评价和价值评估三个方面，细化细分策略和相关的流程，确保人和事能够有效配合，最终鼓励并实现组织的创新和改革活动。比如，资源上要有所倾斜，确保一定资源的投放量，能确保创新是有条件、有资源的。再如，每年预计将多少利润投入创新和改革的项目中，或者划拨多少资金用于产品研发。

第二，机制保障。除了资源外，很多时候需要确保项目可以落实的机制。确保落实的关键是，权责利的划分和具体有效地参与流程。比如，创新项目如何成立，如何评审，项目结果如何应用，以及如何激励，等等。每一点都需要通过一些具体的制度保障，确保它能够顺利推进。比如，从中国半导体行业的过往研发来看，为什么在发展那么久的中国半导体难于突破更低纳米呢？很大程度上是因为太看重短期利益。在这类公司中，对于投资在中短期产生不了利益的项目，基本上很难坚持下去。

第三，文化保障。创新需要营造氛围的支持。这取决于日常的点滴活动和一些关键事件的处理。

第四，标杆保障。改革创新不是拍脑袋，是一个习得后再发展的过程。关于以谁为榜样的思考，是如何选择自我突破的参照系主题。并不是榜样定得越高级越好，而是要考虑可借鉴的对应性。例如，一家成立二十年的成功企业，其核心经验在于二次腾飞；而一家百年企业，其核心经验在于稳健发展。对于一个成立十年的企业寻找参照标杆，究竟应选前者还是后者，值得斟酌。

第五章　传承迭代

一、谈死亡

思考一下，企业也是有生命周期的。商业组织也会有三类的死亡。

第一类死亡，是工商注销手续完成。第一类死亡对应着三叶草模型的与生态相处。这里的生态，是指经济市场生态。

第二类死亡，是创业团队解散了。为什么说创业团队解散了呢？因为在许多企业掌舵人眼中，公司就是工具。你可以注销这个工具，也可以注册很多个工具。其核心是创业的那个团队形神俱在。我们前文谈过团队跟组织的不同。如果创业团队彻底解散了，没有合力了，说明企业已发生第二类死亡。第二类死亡对应着三叶草模型的与他人相处。

第三类死亡，是最后的企业掌舵人本身彻底放弃经营理念与动机。第三类死亡对应着三叶草模型的与自己相处。

以上企业三类死亡的反面，就是企业没有死亡，而是以传承迭代的方式生存着。企业的迭代，并不是以企业掌舵人更换为标志的。有人认为，换了人就是迭代，其实是一个误区。我们之前学习改革创新的时候，已经谈了确定性和不确定性。企业可以有很多不确定性，比如资本的不确定性，行业的不确定性，科技运用的不确定性，生产关系的不确定性，客户市场的不确定性……以上任何一个因素发生了更替变化，哪怕企业掌舵人没有换人，企业也属于实现了迭代。同理，以上所有因素不发生明确的更替变化，哪怕企业掌舵人换人，企业也被视为原地踏步，没有迭代。比对企业的不确定性，什么是确定的呢？是创业者具体的初心宗旨、使命、愿景，以及从商的基本原则。这些元素的稳定保持，就是传承。

企业的发展之路与其他生命一般，通过传承迭代对抗着死亡。这个使命掌握在当代企业掌舵人手中。当这个使命完成时，企业掌舵人的意义也就实现了。当然，这是用倒后镜回望的方式来看。我们可以尝试用前望、旁观、内窥、关联、聚焦等方式，来学习商业组织的传承与迭代。如果企业掌舵人就是接手前任的继任者，或者正琢磨继任者的事情，那更要静心领悟。

理性思考并面对死亡，无论对个人还是企业而言，都是生存的主题。

二、传承与迭代

传承迭代包括人的范畴与事的范畴。

关于人，我们谈谈人与人的信任。信任很难建立，却很容易瓦解。信任有三个基础：第一，来自共同血缘，人的生物本质就有自带的，通过种族延续来对抗消亡的适应特性；第二，来自共同利益，人的社会性使其为达目的，会结伴结群以形成合力提高胜算；第三，来自共同信仰，或退而求其次来自共同的信念，这是人的自我意识与独立意志选择的趋向。如果以上三个基础同时具备，信任就会呈几何级数递增。反过来，如果要破坏信任则只需要一点怀疑就够了。因为，怀疑如果不立即经双方真诚地证伪，就会与日俱增，去侵蚀已经产生的信任。当然，谈到传承迭代选人问题时，只考虑信任是不够的，能力与机缘也是必须的。

企业传承的是什么呢？是愿景、使命，还有初心。企业迭代的是什么呢？是资本的构成迭代，市场的选择迭代，科技的应用迭代，生产关系的发展迭代……

这个过程中，传承蕴藏着确定性，迭代蕴藏着不确定性。确定性，给我们带来稳定安全感和共同归属感；不确定性，给我们带来发展机遇感和差异挑战感。

一个企业从零到十的发展，再从十到百进发的数次再度腾飞，就是一部活教材。大企业，就是从小成长过来的，每次再度腾飞的节点都是其蜕变的关键。

对于企业的传承迭代，回望是各个阶段历程，前望是充满不确定的远方。公司传承迭代的命运，就掌握在驻足思考的企业掌舵人手中。这应该是一个无限的游戏。有限的游戏，参与者关注输赢，一旦有了输赢结果，就意味着游戏结束了。无限的游戏，参与者关注延续，关注游戏是否可以继续玩下去。只有延续，才是一个创造价值的过程，而不是一个零和转移价值的过程。区分有限游戏与无限游戏，经营把控游戏的性质，责任就在企业掌舵人身上。

三、企业生命周期

根据工业和信息化部数据，截至 2021 年年末，全国企业的数量达到 4842 万家，其中 99% 以上是中小企业。 具体到工业领域，我国规模以上的工业中小企业数量达到 40 万家，营业收入超过了 75 万亿元，利润总额达到 4.7 万亿元。

第四次经济普查数据显示，中小企业的从业人数占全部企业从业人数的 80%。2021 年我国私营个体就业总数达到 4 亿人，较 2012 年增加了 2 亿多人。以中小微企业为主的民营企业，是我国第一大经营主体。

与欧美国家相比，中国企业的平均寿命要短得多。有抽样调查显示，中国民营企业平均寿命仅3.7年，中小企业平均寿命只有2.5年；而在美国与日本，中小企业的平均寿命分别为8.2年与12.5年。中国大公司的平均寿命是7～9年，欧美大企业平均寿命长达40年，日本大企业平均寿命为58年。至于百年老店，中国的企业数量更是落后于发达国家。

弄清楚企业生命周期背后的原因，总结企业发展经验教训，对更好地引导当前创新创业，提升创新创业，提升绩效，推动宏观经济企稳回升，具有重要意义。然而，众多因素中，我们选取企业掌舵人为聚焦点，是因为，一方面，谁都不能否认企业掌舵人是企业再次腾飞的核心载体；另一方面，关于对企业掌舵人的研究与帮助，目前是不深入的。觉悟三叶草领导力模型，对于企业掌舵人的指引与帮助具有普适性，又可以对个体差异有针对性参考。概言之，具有工具作用。

截至2023年，有100年以上历史的长寿公司的国家，日本最多，有25321家，其中超过500年历史的有168家；第二位是美国，有11735家；第三位是德国，有7632家。有超过200年历史的长寿公司的国家，第一还是日本，有3937家，然后是德国，有1850家，再然后是英国，有467家。那么中国的百年企业有多少家？有数据称中国达到100年历史的企业仅75家。其中超过150年历史的企业有7家。

日本之所以百年企业数量众多，一个重要原因在于，日本社会对手艺格外重视，提倡工匠精神，很多工匠通过家族企业代代相传，因此才有了这么多百年企业。德国与瑞士，同样是以工匠精神闻名的国家。德国的精密设备，瑞士的钟表都是其中的经典代表。同时，日本企业的发展特点是专注某一领域，不盲目扩张。既提高了企业抵抗风险的能力，也赢得了社会的信赖。有人把这种专注某一领域深耕的企业特点称为企业的“长寿基因”。

对于中国企业的企业掌舵人，如何通过时空接力，把现在的商业组织推向百年。根据研究分析，那些百年企业的共性，主因不在于资本、科技、市场等因素，而在于他们历代企业掌舵人所带领的创业团队，初心使命的稳定，与客观理性地承认自身不完美，并不断学习改进。企业掌舵人是关键的载体。站在当前看未来，如今的所作所为，正是将来回望的历史。对于商业组织的传承迭代，企业掌舵人的自我完善，是引领企业再次腾飞的关键。

四、三生三死与三叶草模型

传承与迭代，和人一样，企业的本质也是向死而生。

企业的第一个生，是活得健康。健康的标准，是要在财务上稳定地自给自足，没有财务生存危险。这与对应着三叶草模型中的与生态相处。

企业的第二个生，是活得体面。体面的标准，是要在社会上体现价值，承担社会责任。例如，企业解决了一定的就业问题，为员工养家糊口提供了通道。这对应着三叶草模型中的与他人相处。

企业的第三个生，是活得明白。明白的标准，是要在企业自身上认知透彻，把握得以传承迭代的个体特质。具体表现为，清楚自身优劣，明确策略，更重要的是清晰这个企业在持续追求的特有目标是什么。这对应着三叶草模型中的与自己相处。

企业从经营当下的三生，细水长流，经过若干传承迭代发展，直至企业的三死。这个旅途，就是历代企业掌舵人领导创业团队，使商业组织实现自身意义的历程。

人们常常调侃道：长江后浪推前浪，前浪倒在沙滩上。作为企业掌舵人，如果没有倒在沙滩上的魄力承担，哪来后浪？哪来基业长青的企业出现？从力资源管理的视角看待企业当下的蓬勃发展，应回索三到五年前，他们人力部门做了什么，以及做对了什么。同理，从企业掌控经营的视角看待商业组织当下的蓬勃发展，应该回索在企业传承迭代前，当时的企业掌舵人，实现了哪些自我突破。

五、关于中年的思考

对于商业组织，也有中年可言。这不是以绝对值的时间去确定，而是一个企业在两次传承迭代的周期中，需要孕育培养，准备升阶发展的突破阶段。传承迭代的方式，就是改革创新。事物是变化发展的，时代也在进步更替。没有哪一个方式，是绝对符合标准的。所以，企业要不断地进行适应性调整。这种适应性调整还是群体自发的，不完全是由企业掌舵人或者企业创业团队指定的。这种集体自发性质的孕育培养，去准备升阶发展的突破阶段，就是商业组织生命周期的中年。

企业的中年阶段该如何自处？

企业传承迭代必须经过周密考虑和安排，以及人为干预，才能获得更大的成功机会。作为中国经济承载的主体，无论是国有企业还是民营企业，都在思考如何让企业发展进入一个新的阶段，达到一个新的高度。通过对百年企业起承转合阶段的观察和分析发现，企业传承换届节点，往往是企业业绩和市场价值出现长期分化的分水岭。

在与企业讨论传承时，以下问题经常被提及：为什么要把一家企业传承下去？究竟传承什么？

衡量企业价值的维度有很多，包括企业创造财富的能力、社会影响力、运营积累的经验、市场打拼过程中逐步形成的竞争力、未来发展的动力和潜力，等等。当面对这个问题时，我们发现企业传承是一个很复杂的事情。本书在分析中外企业传承的实践和后续效果跟踪的基础上，总结了两个推动企业传承成功的关键要素：一是保障企业战略连续性，二是持续激发创新发展动力。

研究发现，大部分企业在新老继任班子交替时期，企业发展都出现了显著的波动，也是长期走势出现分化的起点。要保障企业能健康及可持续地发展，战略传承的连续性最关键。通常情况下，战略是董事会的职能重点，股东会授权董事会行使该项职责，董事会通过任命经营班子来执行战略。所以，股东大会、董事会、经营层需要共同为战略的连续性负责。在不同性质的企业中，三个重要机构的角色和权力轻重存在显著差别。比如，在家族企业中，股东大会、董事会、经营层这三者之中，都是创业者在发挥重要作用。一旦需要新老交替，新的继任者几乎不能在三个机构中发挥与创业者相同的作用。如要保障战略的连续性，就需要通过一套管理机制，来减少可能因为继任者选择错误，给企业带来灾难性后果。要保障企业的战略决策权，不会因为股权稀释、继任者变动而发生企业战略难以持续贯彻的问题。通过完善股东大会、董事会、监事会、经营层等各级机构的权责和运行机制，来保障战略的连续性。这些不断的尝试和创新，是保障百年基业得以传承的关键。

传承迭代，还需要思考如何持续激发企业创新能力。这种原动力或者说是企业不断拼搏向上的精神，是企业基因的一部分。企业在创业期，这种奋斗和拼搏精神比较明显，但是企业获得一定成功后，这种精神就容易懈怠。因此像华为提出“以奋斗者为本”，不断锻造保持拼搏精神的队伍，就是希望保持组织新鲜血液流动，保持企业的青春奋斗。基于长期的咨询实践和总结，我们发现从两个方面对持续激发企业创新发展动力进行干预最有效：一是重构组织模式，二是不断优化激励约束体系。组织模式是战略、运营、商业逻辑等很多管理思想的最终呈现形式，其运营背后的逻辑可谓千差万别又异曲同工。通过重构组织模式，整个企业可以解除惯性思维，重新看待外部和自身，再一次树立新的目标、制度和程序，避免安于现状。激励约束模式解决的是人意愿和动力问题，能够把激励约束体系提升到战略高度的企业，将培养出一支符合自身企业战略发展的人才队伍。优化激励约束体系的重点不在于体系本身的精细程度，而在于能够与商业逻辑和运营思想相配套。总之，通过重构组织模式和优化激励约束体系，最终实现文化价值观重塑。文化重塑了整个组织的价值认同，即真正相信如何行事可以获得成功，违反什么原则就会被惩罚。

保障企业战略连续性，持续激发创新发展动力，这两个方向是企业中年时期赖以持续的核心。

六、选择并培养有效继任者

从专业角度看，改革开放快速发展的这 40 多年，领导力对于企业的价值很明显被低估。这一点在改革期，暴露得尤其明显。在企业谋求转型和继任交替的过渡期，几乎每家企业都在为领军人物和专业人才的数量和质量不足而焦虑。全社会都在谋求转型创新之路，而转型和创新不会自己发生，需要优秀的领导者来带领和促成。对于百年企业，几乎每一家成功企业，无不在领导者培养问题上探索，并运行着一套有效的机制和程序来建立领导者梯队，把拥有领导者后备人才的数量看成自身的核心竞争能力之一。

然而，领导力培养在中国的经济发展环境中却面临不少挑战，只有真正理解其背后原因，才能破解这一难题。

民营企业在这一课题上的尝试更具创新性。民企的人事安排可以不受体制规则约束。民企可以借鉴国内外成功经验，在继任者培养问题上做很多尝试。比如，轮岗轮值制度、合伙人制度体系等。但民营企业面临的挑战主要是如何解决代理人问题，领军人才的跳槽频繁，企业可能培养出未来的竞争对手。

家族企业在这一课题上面临的挑战更艰巨，继任者如果从家族中选择，则候选人比较少；如果从经理人中选择，又面临控制权问题。因此，长期困扰创业者的难题一直被搁置和耽误。事实上，家族企业面临的人才荒更严重，需要考虑继承人和经理人的同步培养。有些家族企业甚至开始尝试岗位世袭制，来留住元老级经理人，同时培养自己的继任者和经理人的继任者，来确保代代相传。

对于已解决生存问题的企业，在谋求再次腾飞的过程中，这是对未来的重要人本投资。

七、关于企业历史记录

传承迭代，是为了使企业延续。在这个过程中，有一个不能或缺的职能，类似于各朝各代的史官，就是记录和编撰企业的历史。有人说，胜者修史。可企业的传承迭代，是一个无限的游戏。只要企业延续，就在创造价值。企业的传承迭代，不是有限游戏，追求零和博弈的价值转移。可见，不存在你输我赢的所谓胜者，更不存在胜者修史。因此，企业历史的如实记录与整理非常重要。这对于企业当事人与未来的企业经营者都非常重要。

知识管理概念中有两个核心元素：一个是信息数据，另一个是了解并能够运用这些数据的人。同理，在记录企业历史的过程中，聚焦建设数据库，对企业历史的信息储存、整理，是其中的关键之一。另一个关键是对了解并通晓这些数据的人，要备案，管理好，记录好他们的思想，以便共享运用。哪怕，这些人已经退休，或者离职，甚至故去……企业越是发展，这个职能越需要被重视。

信息可以被互相传递，未必可以转化为力量；知识可以转化为力量，未必能构成自洽逻辑；理解能构成自洽逻辑，未必会形成质疑探索思考；探索思考可研究未知，未必会产生主张决断。

有了明确的决断，才会有商业组织的行动；有了商业组织的行动，才会有行动结果；有了行动与行动结果，才会有基础推动新的觉悟。

对于企业的传承迭代，记录企业的历史，锁定真实信息，与用活相关的人非常重要。真实信息，是以上解释的起源；相关的人，是以上解释全过程的保障。企业历史记录，不仅包括其辉煌成就，还包括曾经历过的教训与走过的弯路。

既然谈到企业历史的记录，就有必要提及关于企业文化。每一个百年企业都有适用于自己的文化。对于一直传承迭代而来的家族性商业组织，那一定是用深刻的教训和心得总结出来的具有指引意义的提示。

企业的传承迭代，以当下来看是目标，以未来来看是手段。企业传承迭代，企业掌舵人责无旁贷。

【篇跋回甘】

通篇读完“自我突破”中的五章内容（“无知之知”“处理无知”“共享自处”“创新改革”“传承迭代”）后，极少数读者会因为已经都经历完毕而感到平静。大多数人会因为还处在自我突破之路的途中或起点而感到有点沉重。我们来反思，企业掌舵人给商业组织再次腾飞造成障碍是他希望的吗?回答当然是否定的。这种效应虽不是企业掌舵人主观想造成的，但往往是他作为主因而客观造成的。企业掌舵人其实只是这种阻碍效应的核心载体。造成这种效应的根本原因是制度绑架。

所谓制度绑架，体现在三方面。

第一方面，极端资本导向的出发点立场，必然压制而忽略人本导向。这种状态下人的自主性被淹没，推动生产力效率的主导因素只剩下资本，这就令企业掌舵人好比在玩一个必然失败的游戏或运动，如跳高（跳高哪怕是冠军也可能以失败告终的）。因为推动因素单一，没有腾挪互补的余地。

第二方面，关注短期回报指标，忽略长期成长建树。其实这不是矛盾的，不是非此即彼的，是可以兼得的。可企业的股东董事会只盯着投资回报率，几乎不理会团队敬业度、商业组织能力成长等指标。企业掌舵人因此就进入了制度绑架。试想是否有这样的情况：百年企业的经营宗旨通常不离稳健理念，而成长型企业特别关注利润增长。

第三方面，基于以上两方面，企业掌舵人的职能作用会被锁定在严控一个又一个财务指标上。而企业再次腾飞的动力来自创新，创新是需要团队成员授权赋能的自主状态作为种子。从这个角度看，企业掌舵人做人做事左右为难。通常的选择要么干脆不装，直接唱黑脸，要么请职业经理人代劳撒手不管，要么与二把手唱双簧，从而逼商业组织交作业，等等。

阻碍企业再次腾飞的核心原因是制度绑架，确实不是企业掌舵人本身。可作为问题的载体，又必须承担。应对的办法就是作者自序中所说的两个挑战，对自己修炼觉悟领导力，进行系统思考发展商业组织。

在挣脱制度绑架，谋求企业再次腾飞的过程中，自我突破是其中一个支撑发展方向，这个支撑还要与另外两个方向的支撑产生合力，那就是利他导向与动态平衡。这三个方向，都从属于企业掌舵人的觉悟领导力修炼。

中篇　利他导向

【开篇旨趣】

承接上篇“自我突破”中【篇跋回甘】的制度绑架概念，我们在此讲一个故事，来尝试寻求出路以摆脱或超越制度绑架。提醒一下，探索看待这个故事的视角与思路，就是“觉悟”的过程。

故事是这样的：

很久以前，一位富豪在自己去逝前，把亿万家产交给了自己的贴身仆人，没有给儿子留一分钱。但是儿子只用了一句话，就收回了全部遗产。其实这位富豪本身也是想将财产留给儿子的。可是当时儿子在远方经商，而自己生命垂危，已经没有办法等到儿子回家了。富豪又十分了解仆人，一旦自己死去，这个仆人出于人性的贪婪，必将带着自己的遗产远走高飞。因此，这位富豪冥思苦想，最终想出了一个好办法。他将仆人和村民邻居们都叫到床前，告诉大家，自己将把全部遗产都交给仆人。但是仆人必须让自己的儿子先从遗产中挑选一样东西继承，仆人才能继承其他遗产。仆人自然很乐意，能够光明正大地获得这大笔的遗产。在富豪过世后，仆人找到了在远方经商的少爷，并且让少爷从遗产中挑选一样东西。少爷原本还认为父亲遗产分配的条款是荒谬的，但是当他了解了所有要求后就明白了。少爷对仆人说，这样重大的事情，应当请一位德高望重的人来做见证。仆人自然毫不犹豫地答应了。于是他们找到当地最有名望的长老来做见证，保证双方都无法反悔。随后，少爷就直接指着仆人对长老说，他就是我唯一要挑选的父亲的遗产。仆人听完这话，瞬间顿悟，脸色苍白。原来在当时的社会环境下仆人也是主人的所有品，仆人自然也是富豪遗产的一部分。如此经长老见证后，仆人的财产自然都归新主人所有。于是，少爷就这般拿回了属于自己的财产。

在以上故事中，或许大家会关注事物，即财产的传承转移。的确，这是其中一个看点。而关注人心，则是更值得细品的看点。

以上故事中富豪与少爷，在对财产传承的过程中，他们的内心，分别实现了人心层面的自我控制。

回望上篇，无论如何进行自我突破，其实都只在“我”的层面，相当有限，是小我。只有从关注“我”，发展到关注“他”，再发展到“利他”，才可能进入“无我”状态。而“无我”状态，是由一层一层不同的“他”所组成的。当一层又一层的“利他”被实现，“我们”的概念也就逐渐形成的；当一层又一层的“利他”被贯通，从“无我”再到更大格局的“我们”（即新的“有我”概念，这是大我）。这个过程，完成了从小我到大我的过渡。这就是前文所述的需要“觉悟”的视角与思路。视角与思路聚焦“他”是谁？分别有哪些“他”？行动的着眼点，聚焦“利他”的“利”，如何实现？

本篇“利他导向”（图 1）共五章，每一章阐述不同的“他”，而各章的“他”又互相关联。

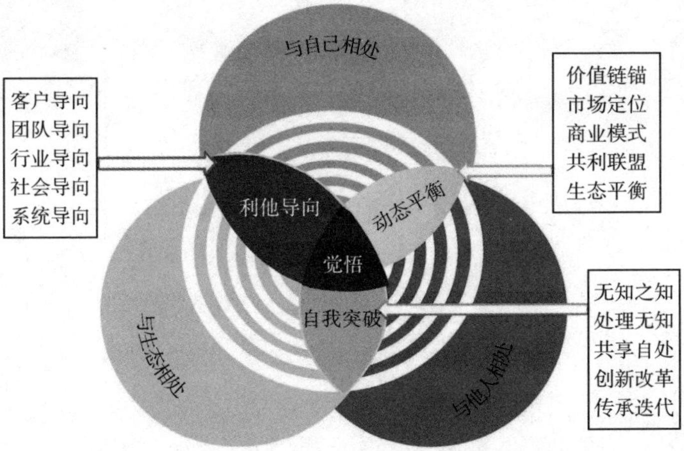

图 1　三叶草领导力模型之利他导向

第六章客户导向，聚焦学习企业创造价值的受众，以及创造价值过程的思路与方法。第七章团队导向，聚焦学习领导与发展创业团队，形成 1+1 > 2 的合力。第八章行业导向，聚焦学习把企业置身于行业背景下，如何共生、蓄势、借力，形成良性互动。第九章社会导向，聚焦学习企业与社会的相互作用与影响，这是企业走向成熟稳健的必经之路。第十章系统导向，聚焦学习系统的思维导向结构，以及通过五流（人才流、资金流、物资流、信息流和能源流）的概念，用以贯通各层次的利他。

第六章 客户导向

一、客户导向基础理论

什么是客户导向？客户导向是指企业为满足客户需求，增加客户价值，以整个企业经营为出发点，在经营过程中特别注意客户的消费能力、消费偏好及消费行为的调查分析，重视企业的新产品开发和新服务开发，通过营销手段的创新，以达到动态地适应客户需求的运营目标的一系列活动。

客户导向的价值在哪里？可以从两个层面来说明，一个是对外的层面，另一个是对内的层面。

先谈对外的层面。简单来说，因为一个企业在市场环境中，是要运营发展和生存迭代的。企业为客户、为市场创造的价值，就是企业存在的意义。企业是以获利为目的的，只有创造价值才可能获利。其实，这就是企业的立足之本。企业存在的价值和意义，必须体现在对外的客户上。

接下来我们谈对内层面。联想前面的篇章，我们讲对内的意义所在，是指与企业掌舵人的自我突破的关联。无论是运营也好，迭代也好，创新也好，其实都是围绕不同的“我”。小我可能是企业掌舵人，中我可能是企业组织。许多企业强调客户导向第一，或叫利他导向第一，其实是从关注我，到关注他，再到关注我们。笔者把这样的理念称作内部意义。

谈到客户，一定就会谈到与市场营销相关的一些概念。这里简单介绍一下 4P、4C 和 4R 理论。

美国营销学者麦肯锡教授提出的 4P 营销理论，被归结为四个基本策略的组合：产品（Product）、价格（Price）、推广（Promotion）、渠道（Place）。由于这四个词的英文字头都是 P，再加上策略（Strategy），所以简称为营销层面的“4P’s”。之后，菲利普·科特勒又提出了战略层面的“4P’s”：第一个“P”是“探查”（Probing），第二“P”是“细分”（Partitioning），第三个“P”是“优先”（Prioritizing），第四个“P”是定位（Positioning）。对于企业经营，必须先做好战略的“4P’s”，才能做好市场运作营销上的“4P’s”。在科特勒的理解中，还有第十一个“P”，他称为“人”（People）。这个 P 贯穿于市场营销活动的全过程，是实现前面十个 P 成功的保证。

美国营销专家劳特明教授提出的 4C 理论，是以消费者需求为导向，重新设定了市场营销组合的四个基本要素：消费者（Consumer）、成本（Cost）、便利（Convenience）和沟通（Communication）。它强调企业首先应该把追求顾客满意度放在第一位，其次是努力降低顾客的购买成本，然后要充分注意到顾客购买过程中的便利性，而不是从企业的角度来决定销售渠道策略，最后还应以消费者为中心实施有效的营销沟通。

4R 营销理论，是由美国学者唐·舒尔茨在 4C 营销理论的基础上补充提出的新营销理论。4R 分别指：关联（Relevance）、反应（Reaction）、关系（Relationship）和回报（Reward）。该营销理论认为，随着市场的发展，企业需要从更高层次上，以更有效的方式在企业与顾客之间，建立起有别于传统的新型的主动型关系。

上述市场营销的理论和方法，在市场营销的战略、措施和实施路径方法方面，提供了系统的思路和方法的指引，经过客户和市场的实践和验证，是符合逻辑且有效的。这些经典的理论可以作为我们学习和参考的素材，也反映着客户导向的思想。本书的意义在于以一种系统的思维方式工具贯穿解读各种经营管理理念与理论，从而达到结构性的指引效果。

关于客户的选择取舍，是企业立足发展的重要基础。我们从基本概念和基本认知中特别提出，就是因为它们本身就是企业改革迭代向前发展的关键动力来源，来自选定市场中客户的种种需求，是内部生产与外部营销活动的基础。

二、相关概念对比

第一组概念对比：需求和期望。需求是客观的，而期望是主观的。客观和主观之间，有关联，也有差别。

第二组概念对比：客户导向和产品导向。前提是立足于一个企业或者企业掌舵人的立场去谈。

举一个例子。互联网时代，大家都拥有过各种 U 盘。从 32M 小容量的 U 盘，到 1T 大容量的 U 盘，款式多样。为什么这些研发并生产 U 盘的企业，不直接推出 4T 或 8T 的硬盘呢？技术的障碍并不是主因。现在甚至有了云服务器，移动硬盘的使用机会也大大减少。

究竟是以满足客户为导向？还是以企业的市场最大化为导向？抑或以企业当时的产品为导向？这是值得思考的问题。它不仅贯穿一个企业，也贯穿一个行业。这会让大家有很多思考：如何看待客户导向和企业产品导向的平衡，以及如何理解市场扩大化。

第三组概念对比：价值创造和共同成长。关于价值创造与共同成长这组概念的对比，包括以上的例子，给我们什么样的启发呢？我们要回到本书的整个觉悟领导力模型，就是一个企业在价值生产的过程中，是需要与客户共同成长的，而且是平衡发展的。

第四组概念对比：客户忠诚度和对客户忠诚度的平衡。谈到企业与客户共同成长，许多企业掌舵人都会发现，客户是一点都不忠诚的。可能因为有了新的诉求，或者有了新的产品，客户会很快放弃原来的选择。同时我们还要看到不少企业转战不同的领域，原来客户的导向也不断变更。理想的状态是企业与客户共同成长，在相互依存中，动态地延伸并创造价值。

第五组概念对比：维护与加强客户忠诚度的护城河理念。护城河理念的概念是由巴菲特提出的。

护城河的来源被分为四大类别：

（1）无形资产，如品牌、专利或法定许可。在无形资产方面，一些公司具有明显优势。如果公司建立了一个知名品牌，那么它可以为其产品或服务收取额外费用。竞争对手在市场竞争上不容易挑战，有利于客户忠诚度的维护。

（2）客户转换成本。顾客从一个产品或服务的供应商，转向另一个供应商时，所产生的一次性成本，就是这里所说的客户转换成本。对公司来说，创造高转换成本是有益的，这样有利于帮助他们留住客户。具体包括程序性转换成本、财务性转换成本、关系性转换成本，分别对应时间精力、经济和情感三个方面。

（3）网络效应。当商品或服务的价值随着更多人使用而增长时，就会产生网络效应。网络效应的一个典型例子是电商平台，其不断增长的用户群，为买家和卖家提供持续的价值。可以分为巨大的市场网络和数字网络及产品。

（4）成本优势。能够以低成本交付，或以低成本生产产品或服务的公司，在竞争中具有重大优势。因为它们可以通过低成本的流程优势、经营规模或特有资产，在价格上削弱其竞争对手。一家公司是否具备成本优势，就看这种优势是否能被轻易复制。很难复制或无法复制的优势，才是真正的成本优势。在各种成本优势中，流程优势最薄弱，其次是规模，而环境和资源是最难被复制的成本优势。

除了这四大类护城河外，还有其他护城河出现。但优质产品、高市场份额、有效执行和卓越管理等因素，对企业来说却是虚假的护城河。巴菲特提醒我们不要被这些陷阱迷惑。因为这些因素不能长久地保持下去，容易被竞争对手模仿或破坏。

引用护城河的概念，是希望帮助企业掌舵人对于客户对企业忠诚度和企业对客户忠诚度这两者进行比较，结合自己企业引发思考。

第六组概念对比：企业发展的长期和短期布局平衡。

百年企业经历不同时代，坚持品质不变，支撑企业的生存，穿越了不同的时代，实现企业的一次次腾飞。

高科技产品企业随着时间的推移，多次调整市场定位，每一次调整，都带来全新的挑战。或许你可以说市场情况是动态发展的，为了企业的生存立足，必须有所改变。我们应作的思考是，对既定客户导向的策略确定性和稳定性，才能积累实实在在的竞争力，乃至建立护城河。这是关系企业可持续性发展的核心。

企业的再次腾飞能否实现，其中有一点需要深刻思考，创新过程中哪些是不变的，哪些是相对稳定的？这就是对客户导向主题的灵魂拷问。

三、客户导向的常见误区

以客户为导向的理念本身没错。正所谓将心比心，换位思考，替他人着想的人，才能得到他人的认同。然而，仅有理念是解决不了问题的。从实施层面考虑，以客户为导向并不是客户要什么就给什么，而是基于自身产品和服务能力的客户价值最大化。以客户为导向，切勿走入以下误区。

误区一：解决生存问题后再做。很多企业会有这样的想法，就是实现了企业生存后，才考虑客户导向。其实二者的关系，是组织能力与价值创造之间匹配的事情，而不是先后次序的事情。一般市场经济情况下，企业不考虑客户需求导向就无法实现稳定生存。即使在短期内企业不关注客户需求而活下来了，最终还是要回到客户需求导向上。因为客户都是聪明的，特别是信息时代，信息如此透明，客户的忠诚度又如此脆弱。

误区二：只说不做。走入这种误区的企业通常不是为了客户去改善产品，而是围绕客户和产品去找说法，最后美其名曰以客户为导向。这样的企业往往在有了产品后，才开始“以客户为导向”。其操作方式经常是这样的：首先通过消费者分析，再结合产品的功能点，两者结合得出所谓的诉求点。这样的说法既容易打动客户，又在产品上有支撑。所以，原本不知道是否以客户为导向的产品，通过这么一“说”，就成了以客户为导向。这样的做法在短期内可以获得客户的认同，推动客户对产品价值的理解。但也容易诱导企业走捷径，因为开展这样的工作之前，本身就带着取巧的目的。

误区三：重外轻内。走入这种误区的企业，不是基于自身企业可持续服务能力出发，也不考虑整个系统的健康运行，而是一味地迎合客户，满足需求。这样一来，本企业员工特别是一线员工压力很大，这样的努力可能在短期内能获得客户认同，但长此以往，有可能会让自己失去持续提供服务，创造价值的能力，最终将不利于客户稳定。从理论上来说，产品和服务的缺陷是永远存在的。所以，企业在发展过程中追求的是各方面利益的平衡，追求的是企业价值链的健康运行。

误区四：迷失自我。走入这种误区的企业仅仅为了客户一时之需频繁改变自己，从而忽视企业的产品优化，失去了品牌个性。品牌需要迎合还是坚持，这个问题至今尚无定论。在现在这个强调自主和自我意愿的社会，迎合已经变得非常之难，迎合的成本也变得越来越高。再加上现在企业的危机问题层出不穷，很多都是因为夸大宣传、重“客户诉求”而轻“产品”造成的，迎合的风险越来越大。当消费者需求已经变得游离和多变的时候，无法迎合就需要更多的坚持，而坚持，会让企业的目标更清晰、底气更足。

误区五：各自解读。企业中对客户导向的解读因人而异是正常的，这也是误区。作为能够良性循环，实现再次腾飞的企业，合理的状态应该是同向的、一致的。一旦出现因人而异的理解，企业运营管理建设，就会因为这种不一致而出现问题。现实中这样的案例很多。笔者在做管理咨询项目的时候，许多顾问会刻意询问不同身份的职员类似的问题。他们会问谁是你们的客户？你们是如何以客户为导向的？你们做得好的标准是什么？大家不难发现，在未达到优秀的企业，员工们的回答常常五花八门，每个人的理解都不一样。但是往往在一些优秀的企业里面，员工的回应是同向的、一致的。现实中，有很多这种优秀企业的例子。越不成熟的公司，对客户导向的理解越多样。

误区六：分利主导。持久的客户导向本质来源于价值转移，这是误区。需要澄清的是，客户导向中，生利是主导，转利是辅助。就是向客户创造价值，比向客户转移价值更重要。如果仅仅靠转移价值，依赖的是立足于某种信息不对称的状态，那么，企业的作用和优势是不持久的。尤其是随着数字经济的发展，互联网经济的普及，这种信息不对称而产生的优势，会越来越短期、越来越弱化。企业若为客户提供持久的价值，应来自创造而不是转移。

误区七：业务担责。实现客户导向，承担责任是业务部门的事，这是误区。这个误区在哪儿呢？企业所有的职能部门都对客户导向负责任，要形成合力。不能因为业务部门能够接触到客户，就只由该部门承担责任。这种解读是片面的、狭隘的。比如大家会认为销售是产生利润和价值最重要的部门，但是离开了研发、生产、市场、物流、服务以及其他支持部门，销售将无货可卖，卖了也无法满足后续的服务需求和持续的订单。道理虽如此，真正践行起来，还需要企业掌舵人能够有担当和平衡各方的权责利，以及平衡把握企业的整体和长期的发展。

四、从产品导向到客户导向

很多企业喜欢强调“以客户为导向”，其实传统企业很难做到“以客户为导向”。这些企业一直以来都是“以产品为导向”，原因很简单，由于管理模式不支持“以客户为导向”。只不过当“以客户为导向”说得太多时，连自己都相信是“以客户为导向”。然而此时客户却不认同，因为企业并没有把客户价值放在第一位。

为何这样说？需要明确何谓“导向”。“导向”即引导的方向，“以客户为导向”即客户成为企业进行价值创造的引导方向，企业将始终为客户创造价值，而且体现出一贯性，并非临时性、暂时的行为。偶尔一次以“客户为导向”，说明不了任何问题。尤其是当产品价值与客户价值发生冲突时，如何取舍即能判断企业属于哪种导向？

要想让客户认同企业是“以客户为导向”，需要从企业组织形态进化规律来分析，如图 6-1 所示。

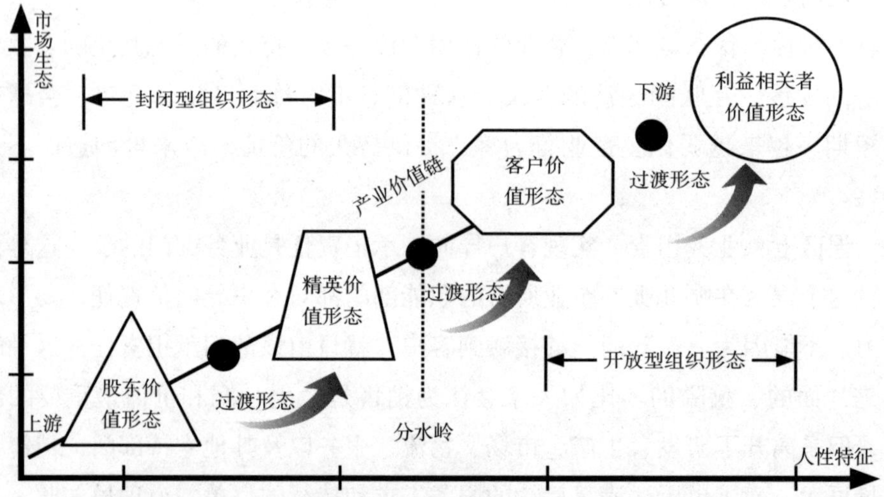

图 6-1　企业形态进化规律

我们从企业形态的进化规律谈起，企业形态沿着产业价值链不断进化，经历了 1.0 时代的股东价值形态、2.0 时代的精英价值形态、3.0 时代的客户价值形态、4.0 时代的利益相关者价值形态，四种典型组织形态，实现了从低级组织形态向高级组织形态的进化。

其中，工业 2.0 时代的精英价值形态，也就是中国目前传统企业形态，通常“以产品为导向”进行价值创造；利益相关者价值形态是工业 4.0 时代的产物，将“以价值为导向”进行价值创造，目前，国内多数企业尚有一大段差距；而工业 3.0 时代的客户价值形态，则是目前国内较合适的企业形态，通常“以客户为导向”进行价值创造。

从精英价值形态向客户价值形态进化，就是人们常说的传统企业工业 2.0 时代的精英价值形态，转型迈向 3.0 时代的客户价值形态，即从“产品导向”经营方针迈向“客户导向”经营方针。

无论“以产品为导向”还是“以客户为导向”，都必须有相应的管理模式支撑，否则，只能是“空谈”。两种“导向”对应两种截然不同的管理模式。无论传统企业再怎么强调“以客户为导向”，如果其原有管理模式根本不支持，客户自然不认同。

传统管理模式有“三支柱模型”，三大支柱分别为职能型结构、职位管理基础与产品管理方式，这也是传统企业的识别标准。作为“三大支柱”之一的产品管理，是对产品规划、开发、生产、营销、销售和支持等环节，进行的一系列管理活动，核心是围绕产品的生命周期展开。目标是实现产品价值最大化，产品价值最大化即企业价值最大化。真正的客户导向，需要把客户价值居于产品管理中的首要位置，才能落地实现“客户导向”。企业对客户需求的关怀与理解，主要体现在产品管理方式上。

目前，多数中国企业正在经历从“产品导向”向“客户导向”发展。从这个视角来看，上文移动硬盘的例子就说明了其本质原因。

五、如何实施客户导向

我们将从原则层面来学习，如何在企业内实施客户导向策略。

为了加深理解，我们先讲一个故事。甲乙两人各出资 50%，买了一个冰激淋蛋糕。取得蛋糕后，经两人协商，为了分配，由甲来切蛋糕。甲准备好刀，一时无从下手，因为没想好如何切。这时，来了三位专家，分别对如何切蛋糕给出了指引。第一位专家专攻思想认知。他告诉甲，必须公平，否则，甲乙的合作很难继续。对于这位专家的建议，假如甲不懂公平的作用是有重要意义的；假如甲已懂公平的作用，说再多也是废话。第二位专家专攻技术。他给出若干切蛋糕技术指引：第一，要注意力度，冰激淋很软，力度不合适会压扁蛋糕；第二，要注意速度，刀的摩擦力会产生热融化冰激淋蛋糕；第三，要注意角度，切入方向会影响造型；第四，要注意……甲忍不住回应，专家说的有道理，但等甲学完这些技术，冰激淋早融化了。第三位专家专攻经济学。他说，定好规则：甲切蛋糕，乙先取蛋糕。甲用有限的时间尽量学习切蛋糕技术，这是为自己利益保障的最好动力源。因为如果切得不公平，乙一定会先取走自己认为最好的一块。

三位专家的建议分别都有各自的意义，而且具有逻辑关联以及先后次序。同理，如何在企业内实施客户导向策略，我们也可以从这三个维度来学习。

（一）强化管理者和员工的认知

要真正强化这种认知，需要把客户导向的理念纳入企业愿景、组织策略和公司文化。仅依靠宣贯式的培训、标语等是不够的，还要引导员工体悟“客户导向”这个道理。从遇到的事情中体悟道理，让它在员工自己心中真正生根发芽，仿佛是由自己心中长出的，使之与自己的“小宇宙”浑然一体。即使在公司重大战略选择时，基点还是客户需求，把自身看作客户价值链上的一个环节，以实现客户利益最大化为标尺进行战略选择。

（二）以客户价值为产品管理的出发点

把客户价值居于产品管理的首要位置。对产品规划、开发、生产、营销、销售和支持等环节，进行的一系列管理活动，核心是围绕产品的客户价值生命周期而展开。以识别和确定客户需求为标的，搭建内部运作系统，组织构建、办公与生产或仓储场所分布、业务流程、工作标准等方面，都以客户需求为出发点，不断匹配优化，进行整合和改进。当然，这也必须考虑到企业自身的资源能力与风险控制能力。具体做法就是，把客户导向的理念纳入考核目标、运作流程和技术培养中。那些拥有百年历史的老字号，就是这么做的。可见，客户导向与规模不是主因相关，与商业组织运作导向与组织能力是主因相关。

（三）奖惩全体管理者和员工的行为

在现实操作中，这一点的重要性和难度要高于前两点。但没有这点的支撑，概念认知与运作架构只能是空中楼阁。当客户导向的行为与结果，确实得到实在的奖惩，那么管理者和员工的脑和手，都会被内心认同的方向驱动，从而全公司整体化的行为模式就会逐渐形成。

如果企业已做到了以上三点，还要建立两个相关的参考体系。一是与本企业的过往做比较，建立可衡量的标准，积累参比数据库；二是与本行业的标杆企业做比较，收集相关信息与数据，以观察相互动态的发展变化。当然，选哪家同行作为标杆企业，如前文所述又是另一个技术性话题。

企业要想贯彻客户导向策略，需要建立不断向客户立场学习的企业文化。这个方面，企业掌舵人必须起带头作用。毕竟，企业文化在很大程度上就是企业掌舵人思与行的缩影。

六、客户导向的市场意义

客户导向会激发组织成员的创新行为。客户导向是创新动力的来源，因为客户导向就是要面对并适应市场。创新最终会指向为潜在客户提供广泛选择。一旦成功，将对企业未来产生积极影响。

客户导向会使产出有针对性，减少浪费。因为它对应客户的需求，不会生产一些市场不需要的东西。这背后的本质，是市场自动调节的无形的手。

企业的成长也需要客户导向推动，最终会实现与客户的共同成长，从而实现商业组织从工业 2.0 时代的精英价值形态向工业 3.0 时代的客户价值形态过渡。比如很多行业都会有所谓的客制化。再如你买一台新能源汽车，作为企业有很多种配置方式，但是企业也鼓励客户思考：对于他自己什么是最重要的，什么是次要的，他的预算是多少，首选什么车型，次选什么车型。这个共创过程中，企业与客户同步成长。

企业的客户导向，必定会创造更公平的市场环境。客户对企业多了选择，企业也对客户多了选择。市场会因此而繁荣。

七、企业掌舵人与客户导向

首先，客户导向是企业掌舵人的必答题。作为一个企业掌舵人，你必须不断地去反思这一条。其次，客户导向是企业再次腾飞的回溯参照点。本书始终围绕企业再次腾飞来讨论，你要推动企业实现再次腾飞，客户导向是一个很重要的参照点，是灵魂拷问。比如，为什么那是我选择的客户？我希望客户从我的企业获得什么？我的企业可以为客户创造什么价值？我们之间的关联是怎么捆绑和维系的？其实综合思考这些内容，就是客户导向。

谈到客户导向主题修炼，老子说的“知人者智，自知者明，胜人者力，自胜者强”这句话非常适合概括企业掌舵人在面对客户导向这个主题的考量。

基于上述修炼的体现，客户导向主题从属于利他导向的修炼，与自我突破导向的五个层次之间没有必然联系。它们就像雷达图中不同区域的评分，它们没有先后顺序和直接联系。也就是说，处于自我突破不同层次修炼的企业掌舵人，可以同时思考并实施自己企业的客户导向战略。

“客户导向”是本篇利他导向的第一章，其思维模式的轨迹是：谁是他？—为何利他？—如何利他？其中这个利，其本质是什么？是创造价值还是转移价值？为什么？其实说到底，利他和利我是共通的，简而言之：我为人人，人人为我。

第七章　团队导向

一、基本概念

团队的概念，在各个领域，已被使用得太泛滥。什么是真正的团队，可能很多人不清楚。真正的团队，需要同时具备以下五个要素。

第一，团队在方向上有统一追求，有共同目的，而且具有相互认可的稳定的价值观。所谓目的，就是为什么而做事，做事的缘由，也是做事的终极选择。

第二，这群人有共同的奋斗目标，且互相选择后自认为是同路人。所谓目标，就是具有可衡量的标准。目的是方向，目标是支持实现目的方向过程中需要实现的一个又一个所选路径的里程碑式结果点，而且具有明确的标准。

第三，这群人具有相互协作的关系，他们不是独自去工作，而是每个人都有对应的任务。每个人都有各自的职责，都有对应的角色，都有对应的贡献形式要求。

第四，每个人都依赖其他人的行为。直白地说，就是他们之间不仅要有协助关系，还要有相互协助行为发生。

第五，他们的合力效果，不小于个体的总量之和。简单来说，就是 1+1 > 2。

以上五个要素必须同时具备，才是真正的团队。但真正的团队，与高效的团队仍有许多差距，因为高效团队不是要一加一大于二，而是要一加一远大于二。现实中，企业内最常见的是伪团队。伪团队的特点是内耗，因为他们有协助关系，而无协助行为，更无 1+1 > 2 的合力结果。这样的群体，不是真正的团队，离高效团队的水平更远。

以团队为导向去实现企业的再次腾飞的做法，对立面是企业掌舵人的心理独行。团队导向的意义及目的，是与本书上篇“自我突破”相联结的。一个人心理独行不是团队，更不可能形成团队合力。学习团队导向，对于企业掌舵人是为了培养战友，而不是购买契约工人。

本章“团队导向”主题，开启了“利他导向”的立体构成。因为上一章我们谈的是客户导向，是企业掌舵人带领的商业组织对外的价值输出，对外的基本利益来源。当下谈的团队导向是对内的动力与智慧来源。企业掌舵人只有超越心理独行，从内心推动行为建立创业团队，才可能形成群体的责任、群体的合力和群体的智慧。“团队导向”是“利他导向”的重要一环，也是其立体构成的核心载体，联结利他导向的其他各个层面。

在运作上，团队导向与组织管理，是归属于同一层面的两个不同概念。这一点的联系与区别，可以参考“创新的阻力”中的组织与团队的关系。

二、团队发展的四个阶段

团队发展，按照心理学家布鲁斯·塔克曼（Bruce W. Tuckman）1965 年提出的理论，包括以下四个阶段，如图 7-1 所示。

图 7-1　团队发展的四个阶段

我们来研究团队发展各个阶段的特征。

形成期的特征：表现之一为成员士气高，因为大家是奔着共同的目标而来的，这种互相选择与认同，会产生情感上的同频共振；表现之二为感性大于理性，其实这是制订团队规则的关键时期，但受情绪影响往往容易忽略或简化了这个要点。

风暴期的特征：团队成员目标一致，但认知经验与行为习惯等存在差异，引发彼此思维模式上的冲突，甚至互相行为模式上的不兼容。但是，大家的立场和出发点是相同的。频繁的沟通与低效交流，甚至沟通无果，是该阶段的常见表现。大家情绪会因此比前期低落。

规范期的特征：经过若干探讨磨合，团队达成了统一共识，作为行为规范。但这仅是统一做法，不是最佳做法。大家带着希冀的观望，又存有怀疑的谨慎。

绩效期的特征：经过若干次实践与改善讨论，找到了当下合适的做法，并且在团队成员的共同努力下，达成了预期的绩效目标。这个时候，大家的情绪不是简单的快乐，而是经历了共同成长与历练的情感成熟，有互相成就与见证的成就感。

以上四个阶段的特征，我们要从理性与感性的综合角度去剖析。而四个阶段的界限并不是泾渭分明的，而是渐变过渡的。所以，我们需要从更深刻的视角去解读四个阶段的联系。

曾经有企业掌舵人提问，他带领的团队的确经历过以上四个阶段并创造过成绩，且人员不变，但如今又出现冲突了。为什么？理性的回应如下：团队的发展阶段，完全可能因为团队成员的变化，或者团队追求目标的变化而重新变化。团队成员不变，但团队目标变了，也相当于一次团队重构。例如同一支球队，人员没有发生变化，但在面对不同对手的比赛中，其优缺点就不是一成不变的。

还有企业掌舵人提问，他带领的团队已经创造了成绩，可并没有经历以上理论的四个阶段。尤其在他的领导下没有发生过冲突。为什么？理性的回应如下：逻辑上，这个企业掌舵人带领达成业绩的人群，可能不是团队，也可能是团队。如果他们不是团队，说明这群人是职业经理人，按组织运作的方式来工作。大家按照契约办事，只说该说的话，不说不该说的话；只做该做的事，不做不该做的事。这样的方式也能产生成绩。有经验的企业掌舵人，会抓住这个时机建立团队关系，因为改革创新需要这种关系（请参考第四章“创新改革”）。另外，就是这群人已经是团队。虽然创造了业绩而未发生动荡，但不等于将来不动荡。这时，有经验的企业掌舵人会抓住机会，做发展团队中领导者该做的事。

这就引出下一个话题：不同阶段，团队领袖与团队成员，分别该做什么，分别应该充当什么角色，才能推动团队向高效团队发展？

在此笔者借用《西游记》唐僧师徒的角色，来阐述回应以上提问。我们来快速重温一下，取经团队的不同角色。所谓角色是由其对应的贡献形式所决定的。沙僧的角色是执行者，取经路上有各种任务需要完成。猪八戒的角色是建议者，取经路上曾坦诚表达了各种真实的想法。诸如回高老庄，或是建议唐僧娶女儿国国王为妻，等等。孙悟空的角色是管理者，为唐僧，为团队制定了许多规则。诸如选择走什么路径，避免涉足什么危险活动，等等。唐僧的角色是探索者，他引领大家取经的终极目标，把控前进的大方向。

以上四个阶段中团队领袖与团队成员的角色是动态互补变化的，是螺旋上升发展的，依赖的是团队合力。其中的密钥就是分别都要准确把握团队发展阶段，灵活调整团队角色，如图 7-2 所示。不妨想想，一些有经验的团队领袖，能分别带领不同团队做出成绩；一些有经验的团队成员，在不同的团队都可以起到中流砥柱作用。其关键就是如此。

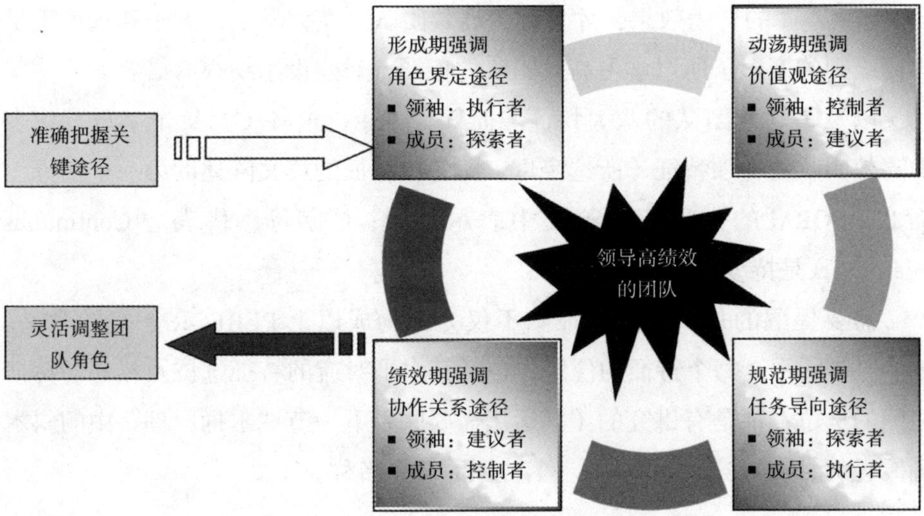

图 7-2 领导高绩效的团队

小结一下本节内容：首先了解认识团队发展四个阶段，接着研究各个阶段特征，然后剖析各阶段相互关系的理解，最后阐述四个阶段中团队领袖与团队成员分别应该如何做。这是学以致用的思行合一过程。

三、高效团队的八大特征

为什么企业有了组织，还要有团队？因为组织是以契约为导向的，而契约在改革中是不起作用的，有很多变化没办法明确契约，没办法明确为合约标的，那只能强调共同的目标。所以改革中，要依靠团队的合力实现组织的变革，而不是依赖组织的合力实现组织的变革，这就是团队导向的意义。

商业组织的各种调整，包括改良和革命，需要一个高效的团队去实现企业的高绩效。这里需要注意的是，真正的团队未必是高效团队，高效团队一定是真正的团队。真正的团队，只要符合本章第一节基本概念中的五要素，达到合力 1+1 > 2 就可以了。而高效团队，还要在真正团队的基础上，团队领袖与团队成员在每个团队发展阶段，做出各自的贡献，彼此合作，产生

1+1 远大于 2 的合力效果，才可称为高效团队。在数学上，大于和远大于是不同级别的概念。所以学习高效团队的特征，对建设组织很有必要。

以下是高效团队的八大特征。简称为 PERFORM+C。每个字母，代表着高效团队的一项特征（所选字母，即各项特征的英文陈述的第一个字母）。而 PERFORM 的意思，在英文中表示绩效；C 字母，代表着 Continuous Learning，是持续学习的意思。

需要提醒的是，这个特征图不仅为了构成以上 PERFORM+C 的含义。如图 7-3 所示。每个特征的位置，包括其水平对应的特征选位及相邻的特征之间的选位，都是有讲究的（其运用需要联系下一节“木桶原理”中的斜木桶原理）。我们先来了解一下八个特征的概念名称。

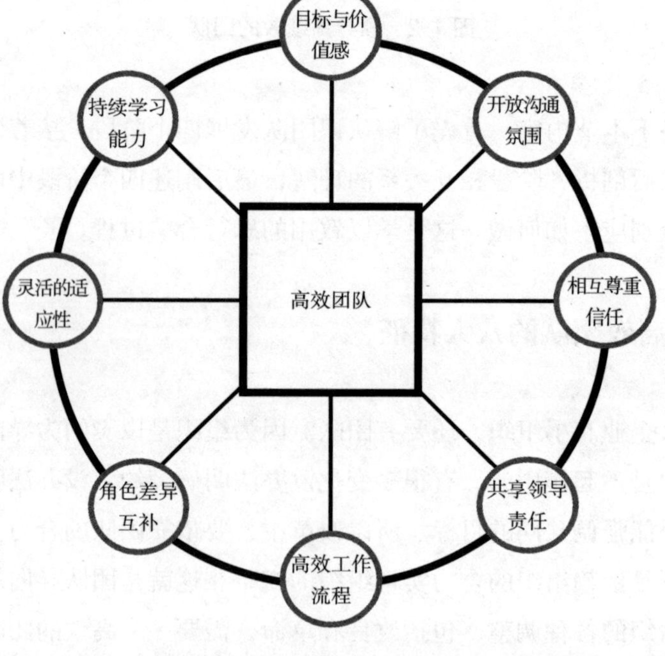

图 7-3　高效团队的八大特征

接下来，我们分别学习八大特征的内涵。

目标与价值感（Purpose & Share Values）：共同的目标与价值观念感，

是高效团队的基本特征。这是所有团队成员，彼此互相选择的重要依据，麦肯锡的 7S 理论中，6 个 S 都是围绕最中间的第 7 个 S（即 Share Values 共享价值观）开展的。由此可见，这个特征对于真正的团队，对于高效团队，是多么重要。每当团队遇到困难，首先应该回顾与检讨的，就是目标与价值观的总纲。因此，这个主题作为首要特征而存在。

高效工作流程（Effective Working Procedures）：职能的分工，业务的流程，从输入到输出的程序管理，是业绩产出的根本保证。这个特征相对于目标与价值观特征，是对应的互补：前者着重人，聚焦人心，关注人理解的同频与同向；后者着重事，聚焦人的行为，关注人的行为互动与行为结果。对于一个团队，组建时关注共同的目标与价值观念感，发展时关注工作流程效率。高效工作流程并不是一蹴而就的，需要经过长时间，由团队成员们点点滴滴的实践纠偏优化而成的。

相互尊重信任（Respect & Mutual Trust）：在第一章"无知之知"中的"沟通视窗"中，根据信奉理论，公开象限面积越大，人与人相处就越简单，因为尊重与信任会因此而互相建立。关于人与人的信任，是需要有基础的。如果有血缘关系、有地缘关系、共同的利益、有共同的信仰等，相互信任是较容易发展的。当这三种基础叠加时，信任就高概率是几何级数递增，并且得到维系。建立信任，要有投入，包括时间、金钱、精力、情感……反过来，若要破坏信任，则容易得多，只需要一点猜忌就够了。猜忌不被澄清，就会随着时间而发酵。

灵活的适应性（Flexibility & Adaptability）：灵活的适应性对于发展中的企业是必须的。自然生态环境，生物讲究适者生存；社会市场环境，企业也讲求适者生存。灵活适应性特征，相对于前者相互尊重信任特征，互为关联。没有坚实的信任与尊重基础，灵活调整将是风险大于机会；而有了坚实的信任与尊重基础，灵活调整是机会将大于风险。这正是在团队发展的动荡期，团队领袖强调统一价值观底线的意义所在。另外，创业团队的灵活适应性，要贯穿于企业战略制定与文化建设的双轮驱动中。当然，团队能力的基础是前提保障。所谓团队能力的基础，是指每一个个体的能力基本是及格胜任的。否则，谈合力就是空中楼阁。

开放沟通氛围（Open Communication）：毕竟每一个人都是不同的个体，个体间存在差异。在共同目标的驱动下，为了让双方加深理解并找到共通的方式，并使事情往前推进，沟通就显得格外重要。大家的相同和不同其实都很正常，关键是要有一个开放的心态，有能力进行调整，共同努力产生同频，从而产生团队合力。在团队成员的协作中，发生冲突是正常的，理解冲突、解决冲突甚至有效利用冲突，对领导者来说是一项非常重要的能力。这除了目标与信任因素的支持外，还要讲求工作技巧和方法。毕竟，作为团队协作来处理冲突与作为组织执行来处理冲突，存在很大区别。开放沟通氛围的特征，与每个人的沟通风格非主因相关，而与企业掌舵人领导方式的团队导向是主因相关。就是允许大家都成为团队的领袖。

角色差异互补（Role Building on Difference）：许多企业掌舵人在组建创业团队的时候，倾向于选择思维模式甚至行为模式与自己相似的人。这样做的好处是比较容易同频；反之，这样做的坏处是容易形成盲点。目标与价值观同向，不等于大家性格或风格一致。还以唐僧四人取经团队为例，四个孙悟空能取到经吗？估计早打起来了；四个猪八戒能取到经吗？估计早散伙了；四个沙僧能取到经吗？估计方向都不能走对；四个唐僧能取到经吗？估计妖怪会很高兴。很明显，角色差异互补的特征，是产生 1+1 > 2 合力的源泉，是合力升华的能力基础。而这个特征，相对于前者开放沟通氛围特征，是互为补充支持作用的。

共享领导责任（Member Share Leadership）：这个特征的形成，需要前六个特征的综合作用。团队成员共享领导责任特征的反面，就是由团队领袖个体承担领导责任。乍一看，似乎没啥问题。可是，真由团队领袖承担领导责任，顶多就是一个真正的团队，还不能达到高效的团队。因为领袖能力再强，精力再旺盛，也是有限的。领袖本身将成为团队合力的瓶颈。每一位团队成员，其实都在领会着团队动态的发展趋势，引导着团队前进的行动取向。共享领导责任，需要团队领袖起到催化剂作用，促进所有团队成员都成为团队的主人，分享分担整个团队的领导责任。这个特征，是团队导向主题的实质。企业掌舵人的心态，需要聚焦从“我”转移到“我们”。而转移的途径，就是在利他导向中，实现团队导向。

持续学习能力（Continuous Learning）：随着彼得·圣吉的著作《第五项修炼》被大众传播推广，学习型组织与学习型团队的概念也在各企业被践行与应用。深思觉悟领导力的三个方向，以及三个方向上的各层修炼，比对五项修炼的内容：自我超越，改善心智模式，建立共同愿景，团队学习，系统思考，其实是有许多异曲同工之处的。持续学习能力，当然成为高效团队的特征。而这个特征必然需要与上一特征共享领导责任对应关联。共享领导责任，需要所有创业团队的成员个体，都承担起学习的责任。个人学习是必须的，个人不学习会被时代淘汰。但个人学习之和，是否就等于组织有了学习呢？五项修炼明确指出，要建立学习型组织，团队学习是其必需的过程。团队学习，本身就是形成并维持高效团队特征的过程。

四、木桶原理

上一节的高效团队八大特征图像一个木桶开口的俯视图。很自然，我们会联系到木桶原理。

木桶原理，又称短板理论。其核心内容通常被理解为：一只由多块侧板与底板箍成的木桶，其盛水的量，并不取决于最长的侧板，而恰恰取决于最短的侧板。根据这个道理，产生两个推论：其一，只有所有侧板都足够长，木桶才能盛满水；其二，只要有一块侧板不够长，木桶里的水就不可能是满的。

以上解读是通常的理解，称作正木桶原理。其实，还可以有另外的解读，称为斜木桶原理。

假如，木桶不是正着放，而是斜着放，那么，其盛水的量就不取决于最短的侧板，而恰恰取决于最长的侧板以及倾斜的角度。根据这个道理，产生三个推论：其一，连接底板与侧板的箍圈必须足够牢固，才能实现斜木桶盛水；其二，调整最长板与最短板的相对位置，可能在原条件不变的前提下，找到木桶的当下最大盛水量；其三，不同长度的侧板排列，包括相邻侧板的安排，180 度对应的安排，都是有讲究的。

每个团队都不可能是完美的，一定存在长短板的区别。根据以上理论，我们可以设想，企业掌舵人领导自己的团队时，是可能找到适合自己的扬长避短的团队发展策略的。前提是，要有足够牢固的箍圈。那么，箍圈又象征着什么呢？可能是使命，可能是利益，可能是专业……企业掌舵人不妨深入思考一下。本章，笔者在介绍高效团队八大特征图时，也提醒过，各特征的位置与相互关系是有讲究的。图中各特征的定位，是利于稳定性的。这种稳定性具体表现为侧板与底板的连接稳定，侧板对箍圈的压力分散。当然，以上文字是从物理学的角度来解释。在团队建设发展中，企业掌舵人通常还需要有具体的操作方式。

五、团队导向的领导力

团队导向的领导力，是一个开放且难有标准的主题。笔者在此为这个主题设定结构性方向，便于归类学习。团队导向的领导力，包括个体维度与集体维度。个体维度，又可分为两个方向：积极主动的个人与卓越的领导能力。集体维度，又分为良好的合作关系与有效的工作方法。团队导向的领导力，体现在以下四个方向的把控。

（一）积极主动的个人

在共享领导力的团队中，每一名成员首先是自己的领导者。所谓领导，就是领会和引导。主动积极，在《高效能人士的七个习惯》中，史蒂芬·柯维博士描述为：采取行动，为自己过去、现在及未来的行为负责，并依据原则及价值观，而非按照情绪或环境来做决定。对自己的思想及行为负责，发挥人类四项独特禀赋：自我意识、良知、想象力和独立意志，同时以由内而外的方式来创造自我改进。要建立高效团队，每一名团队成员具有成熟心智，对自己的思行负责，是充分条件，也是合力 1+1 > 2 的支撑基础。

（二）卓越的领导能力

究竟什么是领导力？不同的概念理论，众说纷纭。其实主要取决于企业掌舵人对事物发展的预见是否准确。这才是领导力的本质。这点把握到位了，才可能引领大家在共同愿景下，参与式地用合力确立具体目标，并且根据企业的现实能力来制定对应的取舍战略。根据预见性判断，细化计划落实执行，最终实现目标，都只是在领导力的预见性判断的延伸罢了。各种领导风格，只是领导力不同的表现形式而已。领导力既可以是一种天赋；也可以是学习强化的能力。

（三）良好的合作关系

合作关系的本质，就是团队成员信任而且合作的基础。如果作比喻，就是上一节所谈木桶的那个箍圈。农业文明背景下，信任而且合作的基础是血缘、地缘关系，表现形式通常为亲戚或老乡等；工业文明背景下，信任而且合作的来源是共同利益，表现形式通常为同学或同事等；数字文明背景下，信任而且合作的基础来源是同网或同链的关系，表现形式通常为某网成员。以上最后一种关系，源自碳基时代向硅时代过渡，基于区块链的去中心化及不可篡改技术，可以快速把陌生的人与人之间的信任建立。例如，捐赠与接受血液的双方虽互不认识，但由于共同遵循基于某种社会规则的管理，就促成了相互关系。

（四）有效的工作方法

团队有效的工作法，主要涉及集体决策与分工合作等方面，而不涉及具体职能的执行。对于团队思考，平行思维法是重要的工具。平行思维这个概念是爱德华·德·波诺博士首先提出的。平行思维是指从不同角度认知同一个问题的思考模式。当人们使用平行思维时，便能够跳出原有的认知模式和心理框架，打破思维定式，通过转换思维角度和方向来重新构建新概念和新认知。必须提醒的是，平行思维法的运用，是在全体成员都理解掌握方法的前提下，共同参与运用才有意义。对于团队行为，绩效管理是重要的手段。绩效考核不等于绩效管理，只是绩效管理的组成部分。其他包括辅导、激励等都不可或缺。

六、集体主义 vs 团队精神

集体主义强调的是大家的共同性，个人从属于集体，个人利益服从集体利益。集体就像一个大家庭，个人是这个集体的组成部分，面对外界，个人代表所在的集体，别人看到的也是你所在的集体。

团队精神强调的是个人的主动性，独立的个体之间的相互协作，共同为企业的成功而工作，或者共同执行一项任务时，各自从不同的岗位、角色，相互配合，朝着一个共同的目标而努力。团队精神强调在分工基础上的协作，不排斥个性。每个个体都是独立的、独特的。团队精神鼓励个性化差异的存在，发展方向就是百花齐放并形成凝聚力。试想一下，某个团队换了个别人，或许绩效能被完成，可因为换人而带来的差异是明显能被感受到的。团队精神更支持人本精神。

比对集体主义与团队精神，是为了避免团队导向过程中走入误区。但是往往在团队冲突期，包括团队领袖在内的许多人可能会反思，是否该放弃团队精神而走集体主义道路。其实，在以上团队发展的四个阶段的内容中，我们应注意统一价值观尤其重要。

七、团队建设要点

团队建设涉及人这个复杂的变量，其核心就是要遵从人性，而不是违背人性。

（一）用好价值观同向的人

团队建设不是一个短期事情，是一个动态的中长期事情。而价值观同向不是指观点，而是指价值判断的思维方向中的是与非，善与恶，值得与不值得，应该与不应该等，底层观念是一致的。对于价值观同向的人，首先要尽量发现与发挥他们的能力优势。如果能力有所欠缺，那么给予培育辅导，或者搭配具有互补能力的人合作。当然，在给予机会的同时，也要定好弃用的底线。还有，对于价值观不同向，但具有企业所需要的能力的人，是可以用组织契约的方式来使用的。如此，在管人与理事的层面争取平衡发展。

（二）共同成长形成合力

企业经营，本身就是一个动态学习的过程。在团队建设主题上，成员与领袖都需要学习与成长。各自具备一定个体能力是基础，而是否能形成合力，则是对团队领袖的挑战。形成合力的过程，领导者起催化剂的作用。共同学习，互相指引指正探索，甚至批评与自我批评，都是团队建设的主要形式。通过这样的试错摸索的经历，尤其是最终实现目标，是十分有利于建立团队成员之间的友谊的。这个过程，企业掌舵人树立对自己思与行一致的身教态度是关键。

（三）共享成果实现使命

团队建设的一个重要课题，就是如何对待成果。这些团队成员，首先是商业组织中有契约关系的雇员，进而才是为了共同目标走到一起的团队成员。面对团队成员，对待成果分配要注意什么呢？原则有三：第一，体现共享，因为成果是共同努力达成的；第二，体现发展，就是用发展的眼光来看待团队成员的价值，不应停留在过去的状态，更不宜以契约为唯一标准；第三，体现使命，阶段成果是支持未来长远愿景使命的里程碑，共同为使命奋斗不仅团队领袖需要承担，也需要所有人承担。在这三原则指引下，各种激励方式甚至惩罚，都是团队领袖发挥其管理艺术的可用手段。

（四）正视铁打的营盘流水的兵

谈到团队建设必定会涉及这个话题。团队建设是一个动态的过程。营盘比喻的是商业组织，流水的兵比喻的是团队成员。很可能那些最合适的人一开始没出现，也不可能在一开始就出现。因为，需要通过动态的磨炼，作为团队领袖的企业掌舵人才会有成长。而那些后来表现出合适的团队成员，可以是经过与企业掌舵人同样的磨炼而成长，也可以直接引进的。团队建设，就是一个不断优化的过程。

（五）以团队合力实现商业组织变革

企业的迭代发展，是由每一刻的量变累积向阶段性的质变推进的。这个过程中，不同规模与边界的改良与革命会此起彼伏地发生，推动企业创新。团队建设除了支持绩效达成外，更重要的意义在于，时刻准备着为实现商业组织的改革而起作用。对于团队建设，我们常谈到领导的艺术。假如，领导者只有一种权力，那就不叫艺术了。不同的权力综合运用，才叫艺术。

第八章 行业导向

把企业置身于行业与产业的概念看待，目的是要解释为什么会有这个层次定位，就是从企业掌舵人的角度，厘清对手和队友的辩证认知。所谓的对手思维，在市场中其实是基于一种零和的游戏，关注的是个体在竞争中的短期利益最大化。而队友思维是一个开源的游戏，关注的是相互所处整体动态化的发展，追求持续的共有利益。这个队友的概念，就是我们常说的要把蛋糕做大，包括创造还有获取利益的过程。在利他导向的修炼中引入行业主题，是把企业发展置于市场商业维度的具体应用。

一、区域行业规模经济

在同一个区域内，劳动力资源可以充分利用。同时，市场区域和市场网络形成与拓展加速了人才流、资金流、物资流、信息流、能源流的形成。在形成行业规模之后，如何推动规模经济，需要的是创造力，以及互补与相互加强。

行业的视角，其实就是从系统的更深层次角度，把所有相关要素的作用都表现并发挥出来。形成区域经济行业规模的第一个条件是，地理环境和自然环境的优势。第二个就是区域中非自然因素的重大影响。这个非自然因素其实包含政策、市场因素，以及依托专业化市场产生良好的服务，高效灵活的运输体系等。而政策对区域行业规模起着引导与调控的作用。

企业的发展及其意义，必须把它置于一个现实的行业中或产业中考虑。否则，会局限眼界与思维，尤其在市场经济环境中。

二、行业分析及竞争思考

企业所在行业的行业分析及竞争思考，是有对应工具的。企业掌舵人应该学习企业所在行业中的有关分析与思考，这里列出了十组提问。提醒一下，学习的过程：提问比答案重要，思路比观点重要，视角比立场重要，理性比感性重要。

（1）在行业中取得成功，什么因素会成为核心竞争力？

（2）你所在行业是否有吸引力？为什么？

（3）公司取得超过行业年平均水平的盈利前景如何？所在行业的发展前景怎么样？

（4）行业的市场总体需求情况如何？

（5）公司的主要竞争对手是谁？

（6）竞争对手的战略和目标是什么？

（7）竞争对手的优、劣势是什么？

（8）相对于竞争对手，企业自身的客户优势在哪里？

（9）竞争对手可能采取何种措施？

（10）企业处于什么样的竞争地位？

我们还可以从旁观，即从行业外的视角，快速审视这个行业的竞争态势。这个由外而内的视角，主要是按以下次序来研究这些关键元素：痛点、区别与联系、发展史、成熟度、取胜密码。

所谓痛点，是指这个行业主要帮助客户解决了什么问题。对痛点的描述必须结合场景。有了场景，人们的理解会容易很多。痛点意味着这个行业存在的意义，因为它确实解决了客户的问题。

所谓区别与联系，是指这个行业的边界，以及与其相关行业的共性与区别。比如光伏膜生产是从属于光伏行业的，同时从属于膜行业。这说明，光伏膜行业会与光伏大行业内的其他分支行业有关联，如电池生产行业、太阳能面板行业等。同时，光伏膜行业也会与食品膜行业有关联，因为它们同属于膜行业，其中就可能有工艺、人才、原料等不同方面的关联。

发展史有助于进一步了解一个行业的趋势规律。比对不同区域同行业的发展历史，有可能在差异环境下，总结过去的经验及教训，又前瞻性地预测未来的变化与发展。比对不同区域相同行业的发展史，有可能让企业掌舵人找到定位或榜样。

成熟度是指该行业在客户、媒体、同行、大众等心中被认识到了什么地步。越多地了解其上下游行业的稳定程度，就越了解自己的客户及市场构成。这里要注意事实与观点的区别：观点是主观的，因人而异，同一人也可能因时而异；但事实是客观的，是不因人因时而变的。判断行业成熟度，观点与事实都要看，而两者之间的逻辑更要看。

取胜密码是一个行业的底层逻辑。就是这个行业的公司、个人在竞争中到底在争取什么？设想，如果想要进入某个行业，其门槛在哪里？大部分情况下，一个行业受限于所处环境。往小处说，某方面做得好，就可以有竞争优势；往大处说，一方面做得好，可以赢家通吃。

三、全面了解行业协会

行业协会是同一行业内，企业法人和自然人自愿参加的非营利性质社会团体。行业协会，是该行业走向成熟，向行业规模经济发展的重要标志。行业协会是政府与企业之间，商品生产者与经营者之间，为其服务、资讯沟通、维持公正自律和协调的社会中介组织。

行业协会有以下六大特征：

（1）行为法制化。行为法制化是指这个行业协会是属于行业性社会团体，组织结构由该行业归属下的企业组成，行业协会是在国家法律下的自律组织。同时，行业协会还应当有制定其行业管理制度和职业道德标准的职责，并将这些制度与道德标准，引导行业企业，从事经营活动的行为规范。

（2）性质社会化。淡出行政管理职能以后，行业协会成为政府与企业之间的纽带组织。但是，行业协会又不同于一般的中介机构。它既服务于企业之间的交往；又联结着行业与市场、政府等的对外交往。其性质属于社会化的自律机构。

（3）职能范围扩大化。随着现代行业的发展，行业协会的职能范围不能固守历史的行业体系。在同一行业中可能既包括生产企业，又包括流通企业或者服务行业。随着行业范围的扩大，各行业协会在研究与分析行业特征，提供服务活动中，必须从大行业全面考虑行业服务与管理。

（4）职能多元化。随着社会服务功能和服务项目的增加，现在行业协会的职能越来越多元化。因此各行业协会应该遵循社会发展规律，努力丰富各行业协会的服务功能，使行业协会成为能够为企业服务。

（5）管理现代化。组建行业协会必须在组织管理、信息沟通、资讯服务和业务协调等方面，采用现代化手段实施管理。行业协会的发展，有助于推动各行业全面提高经营管理水平。

（6）行业特征模糊化。现代企业往往涉足多个行业的经营，其协会成员身份和属地的多重化，淡化了参与者的行业特性。各行业协会应尽量考虑现代企业行业特征，提供相应的服务。

行业协会有以下七大职能：

（1）参谋职能。参谋职能主要是针对行业协会与政府部门之间的关系而言的。政府不直接参与企业的生产经营管理，并不是说政府就不关心企业的生产经营。组建行业协会，就是要让行业协会协助政府部门，对本行业进行调查研究，为政府部门对本地的产业布局、市场规划、行业管理、结构调整、企业发展等提建议，当参谋，协助政府指导本行业长足发展。

（2）自律职能。行业自律包括两方面内容：行业制度的建立和行业职业道德标准的建立。行业制度，是建立利于行业发展的一些规划性的制度、章程、标准等，约束行业内部各企业按制度要求进行有序竞争，扶持市场发展，发展行业经济与地方经济。行业协会就是要从行业整体利益出发，制定相应的行业职业道德标准，规范协会内部各企业间的经营行为与经营手段，从而保障整个行业的总体利益。

（3）服务职能。服务是行业协会的核心职能，只有做好服务工作，行业协会才有生存与发展的空间。其主要服务职能体现在：咨询，为行业内部各企业提供经营与管理咨询，提供科学、合理、可靠的经济信息；招商，利用自己在市场上的影响力，通过招商来扩大行业的市场；建议，提供有关市场、经营、管理方面的建议，使行业内部的企业少走弯路；调解，利用自己的地位，调解矛盾、化解干戈、公证仲裁；培训，有计划、有组织地对企业进行各种相关培训。

（4）协调职能。协调是合理分配各种经济资源的方式，行业协会的协调工作主要包括：组织协调，将行业内各企业布局、网点安排、人才流向等通过协商、建议等方式，安排得合理有序，使其健康发展；关系协调，经常召开各种会议、行业评比等活动，从而促进行业内部各企业间交流合作，共同遵守行业制度与行业职业道德；规范经营行为，对行业中不遵守职业道德的企业经营行为，予以劝说或制止，使行业中各企业按照合规的行为运作。

（5）沟通职能。沟通是在保护商业秘密的基础上进行的联络，是促进行业发展的重要方式。行业中各企业必须沟通，便于互相促进、互助合作。

（6）引导职能。行业协会不能直接参与企业的决策，但可以通过其工作，引导各企业按照科学、合理的要求，加强其管理。

（7）维权职能。维权即维护行业协会成员的利益，行业协会的主要维权活动包括：维持行业经营秩序，维持有序竞争；反倾销、反垄断，以发展大市场为要求，对不当市场竞争行为予以引导、协调与劝告；维护本行业协会成员的利益，根据法律程序代表并维护成员企业合法利益；保护商业秘密，谨守企业商业秘密以保障其发展；扶危济困，帮助处于经营困难状态的企业，脱危解困，渡过难关。

四、企业与行业间的互相影响

企业与行业间的相互影响，是非常密切而常见的。正因如此，企业掌舵人在利他导向修炼中，要专门学习行业导向。企业对行业发展的影响是相互的。

我国新能源汽车的起步阶段大概可追溯到 2009 年，到 2023 年，已经有十余年的发展期。2023 年 8 月 17 日，欧盟公示满 20 天的《欧盟电池和废电池法规》正式生效。核心要求是谁生产谁回收、谁出口谁回收。这个行业做法，首先会对欧盟所属企业产生深远影响，就社会责任和环境保护而言，是正面的促进影响。这种影响还会推进跨地区的同行业。比如，中国的新能源车行业也会向其看齐。那么，我国新能源车企，自然需要提前做好相应的准备。这就是行业影响企业的正面例子，而且当下正在发生。

随着电子商务在中国的蓬勃发展，再加上特殊时期对社交安全观念的影响，实体超市整体每况愈下。与 2020 年相比，近几年实体超市行业利润下降超过 75%。这样的行业情况必然会影响实体店运作。像这样的行业影响企业的例子并不鲜见。

透过以上案例我们不难发现，企业的生存与发展，与所在行业状态息息相关。开启了行业导向的视角再回望企业，不难发现许多因果关系并不是偶然的。企业与行业如何互利发展，对企业掌舵人是必修课。

五、行业导向的若干提示

有些行业是有生命周期的，有些行业是没有的。有些行业就像人的生命一样，会有生老病死的过程。比如蜡烛在电力供应不足的时候，市场是巨大的，但是发电量增加及解决电力运输等问题之后，蜡烛就几乎没了市场。当然，也有些行业会产生第二曲线，不断迭代发展前进。比如社会对中医的需求关注，随着西医的局限越发明显。当世界对中医越来越了解时，人们对中医的需求不断增加。中医这个历史悠久的行业被越来越多的国家接受。

谈到行业周期，企业应思考去留的问题。这就是行业趋势，因为有周期就有趋势，也就会有所谓的蓝海与红海之分。对行业周期的研究和探索，会给企业掌舵人提供一个新的视角，从更长远的时间维度，去看行业及企业自身，使自己更好地投资和决策。

就行业短期而言，资金的穿透，通常起明显作用。“资金穿透作用”，指的是资金的投入，可以促进行业的发展。尤其是对于一些刚起步或者处于快速成长期的企业来说，资金的投入可以帮助他们更好地扩大规模，优化产品或服务，提升技术水平，拓展市场等。这种资金投入又被称为“资本撬动”。

通常情况下，企业在刚起步或快速成长期，缺乏足够的现金流，如果不能及时融资，就会面临破产、倒闭的风险。如果有资本的注入，就可以通过增加现金流量，推动企业发展，扩大规模，获得更多市场份额，形成良性循环。此外，资金的投入也可以帮助企业吸引更多优秀人才，加强企业管理的投入，从而提高企业的竞争力和创新能力。

资金的投入有助于激活行业的资源，带动整个行业的发展，提高行业发展水平。但是需要注意的是，虽然资金的注入可以起到一定的促进作用，但不能仅依靠资金的注入，还需要结合行业实际情况，注重技术创新和管理创新，以及市场营销和品牌推广等多方面的努力。

就行业长期而言，还是依赖深度耕耘才起作用。一个行业内的企业或者从业者，长期持续地努力和投资，不断改进和提高产品、服务、管理等水平，从而使整个行业的水平得到提高和发展。这种耕耘对于行业的发展非常重要，有助于促进技术革新、提高产品质量、降低成本、提高市场竞争力等。

长期来看，资金投入不是主因，行业的耕耘才是主因。长期的行业耕耘，一方面，提高整个行业的生产效率和经济水平，使企业更加有利可图，行业更具竞争力；另一方面，行业的耕耘还能促进行业内的交流合作与经验共享，推动整个行业向纵深发展。此外，随着时间的推移，行业中的企业和从业者逐渐积累经验和资源，也有利于行业的长期发展。总之，行业的耕耘是行业长期发展的关键所在，需要企业和从业者长期持续地投入和努力，才能获得更好的成果和收益。

第九章　社会导向

一、企业对社会发展的影响

企业对社会发展的作用，主要归纳为六点。

（1）解决就业问题。企业是劳动者劳动输出的载体，是劳动者获得劳动报酬的来源。无论是大企业还是小企业，其生产运作都需要人来操作和管理。所以企业的出现、发展以及规模扩大，在很大程度上解决了劳动力就业问题，促进了社会的稳定发展。

（2）企业本身创造了社会财富，带动经济增长，是增强国力的载体。企业经营的最终目的，是获得投资回报，即利润。企业获得利润，工资报酬是员工所得，税收是国家所得。

（3）推动创新，促进社会发展。企业在追求发展的同时，也面临巨大的竞争压力。为了避免被社会淘汰，必须不断地开发和利用新技术、新设备。许多公司为了生存和发展，培育创新团队，不断推出新产品，以适应社会需求。通过科技推动获得发展的企业，背后有一个强大的科研创新团队，不断地进行新技术、新科技的研发。而且许多企业的研发成果，不仅可以用于民用，产品制造还可以用于军事、国防领域。所以，企业不断推动科技创新，推动了科学技术进步，也带来了社会文明程度的提升。

（4）企业是经济全球化的推动力，带动产业发展。技术的应用提高了效率，不可避免地淘汰落后劳动力，反之推动了劳动力素质的提升。企业带动了相关产业，推动社会生产力发展。企业在发展中不断扩大生产规模，在生产过程中也带动了相关产业的发展，延长了产业链。产业链的延长不同于产业互相合作。产业合作会使地方经济资源汇集，引导地方快速经济发展。产业链的延长超越了地域社会的作用，那么它会提高资源利用率，以及生产效率，从而推动整个社会生产力的发展。

（5）企业的发展改变人们的生活方式。从民生的角度来看，企业的发展改变了人们的生活方式和彼此的关系，改变了国与国的关系，甚至世界的格局。企业促进了社会经济发展，社会的发展也影响了人的思想、文化、生活方式的转变，物质日益丰富使精神文化得到满足。无论哪国的发展，都有企业的巨大贡献。国与国的交往，也会在两国企业间的贸易中体现。

（6）企业使社会资源得到进一步优化配置。企业资源的优化，可以有效地对某些生产项目的资源进行调整配置，从而满足市场需求，避免资源浪费。资本在全球流动性加大，配置效率提高，也是推进经济全球化全面发展的强大动力。

二、社会发展对企业的促进作用

（1）社会的发展为企业的生存发展提供了平台。影响公司发展的外部因素有整体的经营环境、稳定的政治环境，以及成熟的法律体系。这些是影响企业发展的主要因素。稳定的环境，为企业的发展提供了合适的土壤。在一个政治经济相对稳定的环境中，企业发展比较轻松，受外界干扰比较少，企业可以专心致力于自身发展，从而获得更多利益。当金融危机发生的时候，国家还会为企业生存提供一定的政策保障。

（2）社会发展为企业提供了生产资料、劳动力和必要的环境支持。作为生产型企业，不可或缺的就是生产资料和劳动力。例如，对于一些农林木材加工产业，政府还会通过地方政策帮助其发展原材料基地。各类院校、培训机构为企业提供人才，节约了企业的培训成本。适合的环境和政策，促进了企业的发展。

（3）国家之间的竞争促进了企业的发展。例如，美国看到日本在第二次世界大战后崛起，产生了压力。因而在科技方面，美国加大投入，再次依靠核心技术，成为全球信息科技的主导者。国家之间的竞争推动了公司的发展。近几年，美国对中国芯片技术的打压，使中国政府在这一领域的政策支持空前加大，这成为我国推动这一领域发展的重要动力。

三、在不确定中创造确定性

时代在发展，变化无时无刻不在发生，唯变不变。那么，究竟什么是不变的？梳理一下以上各层次的不同观念："客户是最不忠诚的""铁打的营盘流水的兵""行业发展如同牛奶，是有保质周期的""与时俱进，社会也在不断演化发展中"……这些都是我们生活中真实的感受。似乎，没有什么是不变的。应对之道在哪儿？历史学家许倬云说过一句话：在不确定的时期，要用远见，超越未见。很多成功的企业掌舵人喜欢许先生这句话。在变革管理的过程中，优秀的领导者善于在不确定中创造确定性。

那么，在企业传承迭代中，什么是确定性？究竟什么是确定性的载体？答案是，为社会稳定且持续地创造价值，简言之就是社会导向。笔者在上篇第五章"传承迭代"中提到我国目前的百年企业，验证它们都以社会导向为宗旨，锁定为社会创造价值为使命，只是选取的领域各有差别，国外的百年企业，答案也是共通的。这并不是幸存者偏差，而是企业走向再次腾飞，走向百年发展的充分条件。所谓充分条件，就是如果缺乏则不能达成目标。如果具备则不一定能达成目标，还得有对应的必要条件配合，才能产生合力达成目标。这是利他导向修炼中相当重要的一环。而且，我们的阐述是以理性推导而探讨的，不是以感性触动而讨论的。

企业的再次腾飞，锁定的问题不再是生存，而是发展。而发展之路，太多的企业只聚焦在战略选择＋业务流程＋人员能力这三大主题上。往往被忽略的是引领这三大主题发生合力的共性因素，就是社会导向的具体内容与边界。这一点一旦被明确，将成为企业穿越各种不确定情境的稳定参照物。确定这个主题并不简单，是要明确社会导向中，所为与不为的原则性定位。试想，如果这个主题不确定，那企业的行为都是围绕“小我”的生存而进行的。在“大我”明确并起作用之后，“小我”的依存意义才有了对应的系统与生态环境，“我”的发展才可能得到延续。利他导向的层层关系，在此也获得一个穿透的视角，联结成为一个有机的系统。

如果一个人觉悟到了自己为什么而活，他就可以适应生活加诸他的一切苦难。同理，一个企业若明确了自身的社会使命，这个商业组织就会应对社会加诸其身的一切挑战。正如王阳明临终时说的八个字：此心光明，亦复何言。

四、把社会导向纳入企业文化建设

国内外众多优秀企业的实践表明，只有将社会导向融入企业文化，转化为企业的价值观念和经营理念，才能有效促进社会福利水平的提高，实现企业的可持续发展。一方面，社会导向只有融入企业文化建设中，才能使企业社会责任成为一种自觉的企业行为；另一方面，企业文化建设只有依托于社会导向，才能体现企业文化的先进性。

融入企业导向的企业文化，能为企业带来持续的竞争优势。在经济全球化的深刻影响下，企业竞争主要表现在企业文化的竞争。而融入社会导向的企业文化，具有更加丰富的内涵和竞争活力，能够提高企业的声誉，从而有助于企业更容易获得资本市场的青睐、吸引，留住优秀的员工、提高顾客的忠诚度、增强其他组织与企业合作的意愿，为企业带来长期的经济效益。同时，由于“路径依赖”和“因果特性”融入社会导向的企业文化，难以被其他企业模仿和复制，竞争优势更具持续性。

什么是企业文化？就是人们在企业运作过程中形成的思维模式和行为模式的总和。企业文化是带着这个公司的烙印和特征的。

企业的再次腾飞基本上由两轮驱动的：一个是战略，一个是文化。战略其实是侧重于事的层面，它涉及选择，选择就是取舍，基于自身能力分析后，对大方向和中长期规划的取和舍。而文化主要侧重人，涉及人的精神面貌和价值取向。文化是一个配合轮，它是一个被动轮。这里需要思考的是，如何提炼、构造企业文化，去支持做事的战略轮？文化要以一种什么样的表现形式支撑这个对应战略的主动轮？

在现实的企业里面，往往会出现一种很普遍的现象，就是倡导的文化与现行的文化是不同的。有人说：一个企业的文化，就是公司高层的个人，或者那一小撮人的思想及行为模式的延伸。其实，这句话只说对了一半。因为现行文化还来自于企业中高层对企业掌舵人的理解和传承。说到理解和传承，又要回过头来重温“团队导向”，甚至联想到“共享自处”中企业掌舵人对于无知之知的处理。企业文化，就是从个人延伸到团队，再从团队延伸到组织。企业掌舵人应从这些层面去找答案。

这样做，影响的就不仅是企业中的经营者，而是企业内所有人员的事。而传递给企业内所有人员的主要承接者是中高层管理人员。对于这一点，企业掌舵人必须要清楚，并且要将个人思想与行为模式传递到组织层面。

五、企业掌舵人与社会导向

企业掌舵人的使命感是企业文化的投射。这就涉及忠诚，即对文化的忠诚，以及对忠诚的理解和传承。企业中员工要看企业掌舵人是怎么做的，还要看企业掌舵人的底线。他们会在企业掌舵人可容忍的范围内行动。所以建设企业文化，相当重要的是企业掌舵人自己的觉悟、觉醒和身先士卒的行动。

社会是企业家施展才华的舞台。只有真诚回报社会、切实履行社会责任的企业家，才能真正得到社会认可，才是符合时代要求的企业家。这层关系深刻地揭示了，新时代企业家与经济社会发展之间的紧密关系。企业掌舵人作为企业的领导者，是社会的精英群体，必须处理好个人与社会的关系。只有具备强烈的责任感与使命感，以助力社会发展为己任，超越传统的经济利益最大化的思维，将个人利益、企业经营融入社会的整体利益中，才能得到社会各方的信任与尊敬，从而实现可持续发展。

企业是现代经济的细胞，企业家肩负着领导企业在激烈的市场竞争中创新成长、健康发展的重任，是企业的灵魂与核心。一大批践行企业家精神的优秀企业掌舵人及其领导下的具有国际竞争力的企业，是我国经济持续发展、人民生活不断改善、全球影响力日益扩大的核心支撑与关键力量，是实现中华民族伟大复兴的重要基础。从各级政府到社会公众，都对企业掌舵人更好地发挥作用，创造更大的经济社会价值抱有很大的期望与要求。明确自身的社会角色与定位，对社会的期望和要求积极回应，培育有强大正能量的企业文化，坚持依法合规经营、互利合作，带领企业取得良好的经营业绩，为我国乃至全球经济社会的可持续发展做出更大的贡献，是新时代赋予中国企业掌舵人的历史重任，也是企业掌舵人社会责任的核心内涵。

当前，我国企业掌舵人履行社会责任的实践主要有以下几条途径：热心参与社会公益事业，尤其以民营企业家居多，参与的公益领域非常广泛，从扶贫、助学到支持大学生创业等；致力于绿色创新发展，领导企业开发节能环保新技术与新产品，积极应对全球气候变化；通过创新商业模式，帮助产业链上下游更多的企业成长；关爱企业员工发展及其家庭和睦，营造公平开放的员工成长环境；围绕制约社会发展的瓶颈领域开展技术创新，积极促进社会问题的解决，等等。这些负责任的实践行动，不仅回应了社会对企业掌舵人的殷切期望，也带动了企业的发展，弘扬了企业家精神，为社会树立了正面形象。

但同时也存在不少问题，例如，一些企业掌舵人虽热心社会公益，而其领导的企业却存在严重的环境污染，产品质量堪忧；有的企业掌舵人要求员工高强度工作，但工资待遇却不能与之匹配；有的企业掌舵人诚信问题突出，其承诺和实际的产品与服务相去甚远，等等。

概括起来，这些问题产生的主要原因是，部分企业掌舵人对其社会责任的要求与内涵不清楚、不了解；有些企业掌舵人对社会责任的认识片面，在履行社会责任时侧重少数领域，而对其他领域的社会责任认识不到位；政府和社会对企业掌舵人履行社会责任缺乏指导，没有形成激励监督企业掌舵人全面履行社会责任的良好社会氛围。

企业掌舵人群体有社会导向职能，任重道远。

第十章　系统导向

一、系统思维

系统思维是原则性与灵活性有机结合的基本思维形态。只有系统思维，才能抓住整体和根本，才能不失原则地采取灵活有效的方法处置事务。客观事物是多方面相互联系，发展变化的有机整体。系统思维就是人们运用系统视角，把对象的互相联系的各个方面及其结构和功能，进行整体认识的一种思维方法。全局性原则是系统思维方向的核心。这一原则要求人们无论做什么事都要立足整体，从整体与部分的相互作用过程来认识和把握全局。领导者思考和处理问题的时候，必须从全局出发，把着眼点放在全局上，注重整体效益和整体结果。只要合乎整体、全局的利益，就能充分利用灵活的方法来处置。

系统思维是一种逻辑抽象能力，也可以称为整体观、全局观。系统是一个概念，反映了人们对事物的一种认识论，即系统是由两个或两个以上的元素相结合的有机整体，系统的整体不等于其局部的简单相加。这一概念揭示了客观世界的某种本质属性，有无限丰富的内涵和处延，其内容就是系统论或系统学。系统论作为一种普遍的方法论，是迄今为止人类所掌握的最高级思维模式。系统思维是指以系统论为思维基本模式的思维形态，它不同于创造思维或形象思维等本能思维形态。系统思维能极大地简化人们对事物的本质认知，给我们带来整体观。

“系统导向”既是对本篇“利他导向”前四章内容的汇集总结，又是衔接下篇“动态平衡”的觉悟领导力修炼方向过渡。为此，我们先从时间和空间两个方面，深入阐述人类思想系统性构成的基本维度。

时间维度，是各种系统思维的一个根本维度。从微观时间流逝的视角来看，时间是可以被定义为存在先后次序属性的。例如，企业的价值链分析，从研发设计，到原料采购，到生产组装，到市场营销，到售后服务，就是按时间的先后发生次序来划分的。而从宏观时间整体的视角来看，时间又是可以被定义为存在共同并列属性的。例如，某企业多元产品分析，从高增长率且高市场占有率的明星产品，到低增长率但高市场占有率的现金牛产品，到高增长率但低市场占有率的问题产品，到低增长率又低市场占有率的衰退产品，就是在时间的共同并列阶段表现出来的划分。

空间维度，是各种系统思维的另一根本维度。从分离空间关系的视角来看，空间是可以被定义为存在明确边界属性的。例如，市场份额的角色分析，从领跑者，到追赶者，到追随者，到补充者，到候补者，就是按空间的明确边界（即一个一个独立的企业）来划分的。而从混沌空间整体的视角来看，空间又可以被定义为存在边界模糊属性。例如，某行业利益联盟体关系分析，从上游到中游，再从中游到下游，如果它们的若干企业之间已经实现交叉持股，就是按空间的混沌整体（即一类一类资本的归属）来划分的。

依据时间与空间两个维度，以及两个维度各自衍生的两个属性，总共四个属性，两两结合，就形成了四种不同的系统思维模式。这四种思维模式，对应着四种思想。这四种思想类别包括古希腊的思想、古印度的思想、古中国的思想和古中东的思想。以下文字是对四种思维模式所形成的思想各自背后差异根源的对比，读者可以参照表 10-1 来阅读。

表10-1　四类思维方向模式对应四种思想

空间因素 时间因素	空间边界混沌 表现出整体性	空间边界清晰 表现出分离性
时间并列共存 表现出同频性	古中国思维系统	古中东思维系统
时间前后有序 表现出因果性	古印度思维系统	古希腊思维系统

古希腊由欧罗巴族兴起，当时以游牧业为主，不同分支先后汇集，各自动态迁徙共存。其思想特点是多神论并存，思想特色体现时间前后因果性（与多神论并存相关，体现了各种神论都使用共识的历史时间先后次序轴），和空间彼此分离性（与游牧迁徙相关，体现了空间边界的变化转移）。后来，发展为关注空间相互边界区分且重视时间前因后果关系的形式逻辑属性思维模式。逻辑思维的研究方法，就是专注空间分离性以及时间前因后果关系。

古印度由雅利安族兴起，当时以农耕业为主。相对于古中国而言，可用耕地人均面积多，多数耕地是由本来就适合耕种的土地使用而来的。其思想特点以佛陀为代表，思想特色体现时间前后因果性（与耕地被关注使用前后相关，体现了时间先后顺序）和空间独立整体性（与农耕业相关，体现了从业的整体空间稳定）。后来，发展为关注空间整体系统且重视时间前后因果的佛家属性思维模式。佛家思想的研究方式，就是专注空间整体性以及时间前因后果关系。

古中国由华夏族兴起，当时以农耕业为主。相对古印度而言，可用耕地人均面积少，相当多耕地是从原来不太适合耕种的土地选择开垦使用出来的。其思想特点以道家为代表，思想特色体现时间同频并列性（与耕地在同一时间阶段被关注选择取舍开垦相关，体现了各个被选择项的时间同步性质）和空间独立整体性（与农耕业相关，体现了从业的整体空间稳定）。后来，发展为关注空间整体系统且重视时间并列同频的易经属性思维模式。道家卦象的研究方式，就是专注空间整体性以及时间并列的机会关系。

古中东由苏美尔族兴起，当时各种产业已被近代石油业主体替代。其思想特点以多元文化争锋为表现，思想特色体现时间同频并列性（与多元文化争锋有关，体现了各元文化的历史时间先后次序轴不相容，只承认都处于共同的时间大范围内）和空间彼此分离性（与石油业主导相关，体现了石油采集源头的空间边界明确）。后来，发展为关注空间相互边界且重视时间并列同频的现实主义属性思维模式。现实主义的思想方式，就是专注空间边界分离性以及时间并列的机会关系。

这四类思维模式形成的思想，就是系统思维的根源，从古至今一直影响着人类的文明与文化发展。在本章专门学习这个思想系统，一方面是对本章前四节内容作总结，另一方面是为学习下篇《动态平衡》做理论准备。

二、“五流”的系统思维方式

彼得·圣吉撰写的《第五项修炼》提出，学习型组织需要学习系统思考。而系统思考，正是第五项修炼。但是，第五项修炼不可能凭空出现。其实是依赖前四项修炼累积，而且是循序渐进地，一步一个脚印地践行而成的。

我们来看彼得·圣吉提出的五项修炼：自我突破，改变心智模式，建立共同愿景，团队学习，系统思考。由此不难发现，前四项修炼，在本书的三叶草觉悟领导力模型中，都能找到同频之处。自我突破，是上篇的主题；改变心智模式，与共享自处联结；建立共同愿景，对应本篇“社会导向”中在不确定中创造确定性；团队学习，连接本篇“团队导向”……

涉及系统思考，企业掌舵人读这本书的时候，应该很关心会有哪些工具可以借鉴？系统思考，包括系统思考的方向以及系统思考的方式。系统思考的方向，是指思考的抽象属性，在上一节我们谈的四个思维方向模式就是对应的内容，而且为下篇“动态平衡”建立理论基础。系统思考的方式，是指思考的具体属性指向。了解这种具体属性指向，我们需要学习一个可以借鉴的思维工具“五流”。

“五流”的思维方式包括：人才流、资金流、物资流、信息流和能源流。“五流”，其实是企业掌舵人对企业运作的工具。单独的每一流的思考，本身就是一门学科。再扩大到社会，“五流”综合在一起去思考，那就是从整个社会管理的全局考虑。“五流”的每一流之间，还可能两两结合，三三结合，四四结合，从而产生不同的同频共振的一些分析运用效果。

三、“五流”中的人才流

根据对生产要素的依赖程度不同，我们把构成经济体的产业分为：资源密集型产业、劳动密集型产业、资本密集型产业、知识密集型产业。从这四种产业的分类也能看到“五流”（人才流、资金流、物资流、信息流、能源流）概念的身影。针对不同产业人才流的对应策略，形成了差别对应的人才观。

资源密集型产业，是指在生产要素的投入中需要使用较多的土地等自然资源，才能进行生产的产业。土地资源作为一种生产要素，泛指各种自然资源，包括土地、原始森林、江河湖海和各种矿产资源。传统的此类企业，产出较依赖自然资源。因此对应的人才管理表现为：对员工的考核，会更关注其行为过程与价值。比如以员工对组织的价值贡献及工作努力程度、自我成长与发展等维度，进行行为考核。并引入诸如安全、健康、环保等事件作为考核指标。

劳动密集型产业，是指生产过程主要依靠大量使用劳动力，而对技术和设备的依赖程度低的产业。这类企业具有工作标准化、定额化的特点。因此对应的人才管理表现为：对绩效工具更多采用关键绩效标志（KPI）。运用 KPI 的目的是以关键指标为牵引，使全体员工行为聚焦在成功的关键要素及经营管理上。其本质是抓关键。劳动密集型企业，其技术操作要求相对较低，且具有资金周转快的特点。因此单位产出与效率，更大程度上决定了企业的利润空间。这种相对简单、直接化、量化的考核方式，能够促进劳动者提高单位时间产值。但是近年来，由于招工难及用工成本提高，很多劳动密集型企业都寻求转型。比如简化生产流程，运用先进生产器械设备，转移产地等。而这些趋势也会在一定程度上促使对劳动者的考核方式同步转变与优化。

资本密集型产业，是指在单位产品成本中，资本成本所占比重较大，每个劳动者所占用的固定资本和流动资本金额较高的产业。资本密集型产业主要分布在基础工业和重加工业，一般被看作发展国民经济、实现工业化的重要基础。资本密集型产业具有技术装备多，投资量大，容纳劳动力较少，资金周转与投资效果慢的特点。一般这类企业，都有较清晰的工作链条与流程。流程是价值活动的依据和指导，也是员工的行为轨迹。而影响产出的关键因素更多在于这个流程衔接的效率性。因此对应的人才管理表现为：可以借鉴平衡计分卡（BSC）中对流程、运营等环节的考核方式，来提取考核指标。基于流程的考核指标对应运营流程，强调流程结果，更加专注于流程的运作过程，而不是对应业绩合同；基于流程过程的异常分析，而不是基于部门结果；相比职能部门的领导者，流程负责人的职位更加重要；基于流程的绩效考核，变部门考核为流程考核，有利于突破部门界限，有利于企业管理活动从刚性的职能转向柔性的流程。

知识密集型产业的特点是单位劳动力占用资金比劳动密集型产业多，比资金密集型产业少。在生产结构中，技术知识所占比重大，科研费用高，劳动者文化技术水平高，产品附加价值高，增长速度快。在知识密集型企业中，影响产出的关键在于，将科学知识、科研成果、技术开发转化为现实生产力的能力。而企业员工也多拥有较高水平的、不能被普通员工所共享的知识。因此对应的人才管理表现为：多采用目标与关键成果法（OKR）。特别是人力资本密集型企业，OKR强调激发人的潜能，人是价值创造的最大主体，鼓励不断挑战极限。这与员工整体素质较高的知识密集型产业相吻合。

人是相当复杂的变量，能力并不是越高越好，用人讲求合适。把人用好不容易，既要考虑因人而异，还要考虑同一人因时而异。一份工作产出要求的能力是 100 分，如果用能力 70 分的人，无论待遇多好，趋向互相另再选择的概率都很大；如果用能力 130 分的人，无论待遇多好，同样趋向另再选择的概率也很大；如果用能力 85 分的人，待遇空间与能力发展，对于企业与员工都可能有互相提升的余地。以上仅仅是思路的参考。把人用好用透，不仅是一门科学，也是一项艺术，要用发展变化的眼光看待。

四、“五流”中的资金流

关于企业资金流的基础掌控，最常用的方式有三张表：资产负债表、损益表和现金流量表。三大报表在企业财务管理中发挥着不同的作用。资产负债表反映企业报表当日的财务状况，损益表反映企业会计期间的盈利情况，现金流量表反映企业会计期间的经营、投资、筹资及现金流情况。

资产负债表是反映企业某一时点上的财务状况的报表，主要包括资产、负债和所有者权益三部分。资产部分反映企业拥有的资源和经济利益；负债部分反映企业对于外部债权人的债务义务；所有者权益部分反映企业对于内部股东的归属权益。损益表是反映企业某一时期内经营成果的报表，主要包括营业收入、营业成本、营业利润等项目。现金流量表是反映企业某一时期内现金流动情况的报表，主要包括经营活动、投资活动和筹资活动三个方面的现金流量。

三张报表以一种三维立体式展现一家公司的财务状况，多角度对同一经济实体的资产质量和经营业绩作报告。从三大报表的时间属性来看，损益表、现金流量表属于期间报表，反映的是某一时期内企业的经营业绩。资产负债表是期末报表，反映的是报表制作时企业的资产状况。

从相互作用来看，一个经营期间损益表、现金流量表改变着资产负债表结构。但就长期而言，资产质量对企业盈利能力起到决定性作用。这却是资产负债表反过来影响损益表、现金流量表。三张报表不是独立存在的，而是相互关联的，即表间勾稽关系。各报表间不能分开独立地看，而要综合对比分析，相互印证，资产负债表提供一个平台，损益表、现金流量表则在其上长袖善舞。

两种表间最重要的勾稽关系是：损益表与现金流量表分别同资产负债表的关系。现金流量表和损益表分别按收付实现制、权责发生制计量。在分析企业盈利能力的时候，应该更侧重于权责发生制，收付实现制只起补充作用。

在三大财务报表基础上，看得最多的是资金的运营。这些运营及相关数据在某种程度上，可以帮助企业了解和评估财务状况和经营情况，为投资人和高管提供财务信息帮助企业决策。同时，帮助企业的未来发展做好财务三支柱的前瞻性工作。

所谓财务三支柱，即战略财务（COE）、共享财务（SSC）和业务财务（BP）。其基本理念是，“让集中的更集中，让分散的更分散”。所谓“让集中的更集中”，即将能力建设、财务体系、财务政策等财务职能集中于企业财务战略能力中心（COE）；让基础核算、账务处理、发票开具等财务职能集中于财务共享中心（SSC）。所谓“让分散的更分散”，即将对业务的服务、监督、支持、控制等财务职能，分散于各业务单元中，即财务业务伙伴角色（BP）。

总之，通过完善财务共享服务中心（SSC），提高财务工作效率与质量，降低财务运营成本；加强集团管控力度，支撑企业战略与经营（COE），实现财务价值创造；做实财务（BP），加强财务对业务的服务与监督。建立财务三支柱运营管理模式：（COE）做好战略参谋，（BP）做好经营参谋，（SSC）做好专业服务。企业财务部负责战略规划、执行监督和结果考核。业务财务和财务共享服务中心相互配合，责任共担。业务财务对业务发生真实性、合理性、合法性负责；财务共享中心对业务处理合规性、准确性、及时性负责。

财务三张表，是把控资金流的基础工具；财务三支柱，是运营资金流的协同职能。

五、“五流”中的物资流

物资流通，是指以货币为媒介的货物资料商品交换。它是联结生产与生产性消费的中间环节，是维护生产过程正常进行的必要条件。物资流通是一个动态的过程，也是物资从生产领域向消费领域转移的经济过程。在这个过程中，物资会发生形态的变化，即实物形态与货币形态的交替变化，由此会形成不同的流通形式。物资完成其流通的过程要经历必要的时间，就是经历购买、运输、储存、生产、销售的时间总和。流通时间越短，物资周转越快，流通效率越高。物资从生产领域进入销售领域，是通过流通渠道实现的。流通渠道有多种形式，分别与不同类物资的流通过程相适应，以保证流通过程高效通畅，从而障企业营运正常进行，真正发挥物资流通的作用与功能。

企业运营中，物资流又称物资流供应链。物资流供应链由四元素组成，包括商业活动、货物流、资金流、信息流。这四元素的联系有一定的道理，因为物资流通过程中，它们既相互独立，又是一个综合体。物资供应链的四元素被有机结合起来，会产生更大的能量，创造更大的经济效益。

所谓商业活动，是指商品价值的运动，由货币形态转化为商品形态。它是买卖的流通过程，包括接受订货、签订合同、销售等商业流程。具体的商业活动包括买卖交易活动及商情信息活动。举个例子，你选中一款商品并为其付款后，商品就归你了。钱转换为商品这个过程，就是商业活动。店铺销售、上门服务、线上购物等形式，都属于商业活动流通形式。

所谓货物流，主要是指产品从生产者到消费者的流通过程，以及处理客户退货或服务的需求。货物流通常可以通过分销商、经销商和零售商等之间的各种仓库，指向客户。例如，我们平时网购，网店安排快递前往仓库拿取商品，然后运输到家门口这一过程就称为货物流。企业对货物流的要求，主要是确保货物库存快速流动，而不会中断，在短时间内以最低成本将货物运送到。

所谓资金流，是指货币流通的过程，是客户确认购买商品或服务后，付款给商家的过程。该流程的方向，是由消费者经由零售商、批发与物流、厂家等，指向供货商。资金流涉及信用条款、付款时间表、寄售和所有权安排等。

所谓信息流，是指客户方与供应商交流商品及交易信息的流程。信息流通常包括报价请求、采购清单、月度计划、工程变更请求、质量投诉和供应商绩效报告等。许多情况下，分销商、经销商、零售商、物流服务提供商等其他合作伙伴，也会参与到信息网络中。参与的目的在于使供应链成员都能及时得到最新准确的信息，形成统一的计划与行动，为客户提供更好的服务。

物资流供应链四元素之间的关系，密不可分，相互作用，既是独立存在的单一系列，又是一个组合体。在某种意义上，商业活动是前提，没有商业活动就没有后续的货物流、资金流和信息流；同时，没有货物流、资金流和信息流等过程作为支撑，商业活动无法达到预期效果。

物资流供应链中四元素相互影响，及时准确的信息流决定着商业活动以及货物流和资金流过程是否能顺畅完成。若是没有资金支付，信息流、商业活动和货物流等过程也不会发生。因此在实际操作过程中，物资流供应链中注意四元素的协同，避免出现信息脱节、交付延迟、付款延迟等情况，从而影响物资供应链整体运作。

六、“五流”中的信息流

“大数据”这一概念最早是由全球知名咨询公司麦肯锡提出的。麦肯锡称，信息数据已经渗透到当今每一个行业和业务领域，成为重要的生产因素。人们对于海量信息数据的挖掘和运用，预示着新一波生产率增长和消费者盈余浪潮的到来。“大数据”在物理学、生物学、环境生态学等领域以及军事、金融、通信等行业存在多时，却因为近年来互联网和信息行业的发展而引起人们关注。

大数据带给我们的三个颠覆性观念转变：第一是全部数据，而不是随机采样；第二是大体方向，而不是精确制导；第三是相关关系，而不是因果关系。

不是随机样本，而是全部数据：在大数据时代，我们可以分析更多的数据，有时候甚至可以处理和某个特别现象相关的所有数据，而不再依赖于随机采样（随机采样，以前我们通常把这看成是理所应当的限制，但高性能的数字技术让我们意识到，这其实是一种人为限制）。

不是精确性，而是混杂性：研究数据如此之多，以至于我们不再热衷于追求精确度；之前需要分析的数据很少，所以我们必须尽可能精确地量化记录，随着规模的扩大，对精确度的痴迷将减弱；大数据时代，我们不再需要对一个现象刨根问底，只需掌握大体的发展方向即可，适当忽略微观层面的精确度，会让我们在宏观层面拥有更好的洞察力。

不是因果关系，而是相关关系：我们不再热衷于找因果关系，寻找因果关系是人类长久以来的习惯。大数据时代，我们无须再紧盯事物之间的因果关系，而应该寻找事物之间的相关关系；相关关系也许不能准确地告诉我们某件事情为何会发生，但是它会提醒我们这件事情正在发生。

信息化时代及时掌握信息，是企业做出正确决策的基础。要选择正确的方向，就必须有足够的有价值的信息，作为决策基础。所以，企业需要在信息化时代迅速掌握信息，并从众多信息中筛选出有价值的信息，从而根据这些信息，做出判断，最终做出决策。可以说信息是现代企业决策的基础。随着信息技术的不断发展，实时的数据采集和网状的信息传递结构，彻底改变了数据的生成方式和以往的线性传递模式，从而大大提高了企业管理信息效能。信息使用效率的提高，可以大大缩短决策时间，加快企业对于环境变化的反应速度。

对于现代管理者来说，管理方式上的一个重要特征就是：管理系统规模越大，结构越复杂，对信息的渴求就越强烈。实际上，任何一个组织要形成统一的意志，统一的步调，各要素之间必须能够准确快速地相互传递信息。管理者对组织的有效控制，必须依靠来自组织内外的各种信息。信息，如同人才、原料和能源一样，被视为组织生存发展的重要资源，成了管理活动赖以展开的前提。一切管理活动都离不开信息，一切有效的管理都离不开信息的管理。

信息管理是为了提高社会活动的参与系统功能，最终提高社会活动参与者的系统效率或系统输出而进行的活动。它的最高目标，是要维持系统的生存，并促进系统的发展。而要达成这个目标，基本手段是利用系统（包括个人、组织和社会）内外的信息管理资源。为了达成这个目标而形成的信息管理内容：建立信息集约，实现信息流的数量控制，对量化信息进行整序与开发，以实现对信息的质量控制。伴随宏观信息活动管理和社会整体信息资源配置管理活动。

七、“五流”中的能源流

能源的三大来源是化石燃料、核能和可再生能源。

化石燃料是指从地球内部的化石遗存中提取的能源，主要包括煤、石油和天然气。这些化石燃料都是数百万年前植物和动物遗骸经过生物化学过程形成的，具有高能量密度、易于储存和运输等特点。但同时，使用化石燃料也会带来环境污染和气候变化等问题。核能是指通过控制核反应释放能量，用于发电、医疗和工业等领域。核能是一种清洁、高效的能源，其发电成本较低，且基本不会产生温室气体和空气污染物，但同时也存在较高的安全风险，需要高标准的安全措施。可再生能源是指自然界中可以不断获取的能源，如太阳能、风能、水能、地热能等。这些能源不会耗尽，而且具有很强的环保性和可持续性。随着技术的不断发展，可再生能源成本逐渐下降，应用范围越来越广泛。

传统能源和新能源各有优点。发展新能源是当前国际社会的必然趋势，但目前新能源技术仍然存在一些不足，如成本较高、技术突破和储存等方面需要进一步突破和提高。

在地球生态环境的严峻挑战下，如何推动人类社会与自然环境的和谐发展，成为我们每个人必须面对的时代命题。目前，全球已有130多个国家和地区提出“零碳”或“碳中和”目标。作为大国表率，2020年中国提出力争于2030年前达到碳峰值，2060年前实现碳中和的宏伟目标。

在企业众多资源要素中，能源要素作为企业运行核心要素之一，并且也是企业碳排放的第一来源，实现企业能源数字化显得尤为重要。我们深刻地认知到，在企业能源数字化转型建设中，我们需要不断创新和突破，希望在企业实际减碳排放实践中，实现强力助推和科技赋能。以此作为系统目标，笔者提出四点，希望帮助企业加强数字化建设：一是工业电气化推动；二是提质增效，节能减排；三是发展循环经济；四是发展清洁能源和储能。

能源管理系统是一种通过集成电子设备、计算机软件和通信技术，对能源使用进行监控、分析、调度和优化的智能系统。它的主要作用是降低能源成本、提高能源利用效率、减少环境污染和碳排放等，从而提高企业的经济效益和竞争力。企业能源管理实务，是指企业通过逐步建立、实施和贯彻能源管理体系，对能源的使用进行科学规划、有效控制和节约利用，并逐步实现能源管理和节能方面的最佳实践。我们鼓励企业配合我国战略规划，向优化能源流的方向发展。

至此，我们已经把系统思维具体方式的“五流”概念与内容阐述完毕。尽管篇幅有限，但已具体介绍“五流”概念中每一流的核心要点。读者须领会“五流”概念中每一流都是独立的领域，进而每一流的相互结合，又是系统思考的具体方式表现。这个系统思考的具体方式表现，结合本章第一部分的系统思考，就是系统导向的内涵。

【篇跋回甘】

回顾中篇“利他导向”全篇：

第六章客户导向，通过一系列理性的分析与聚焦定位，实现为客户创造价值，从而体现企业的存在意义。第七章团队导向，发展并建立价值观同向，且能形成合力的创业团队，在萃取高效的同时，与时俱进，共同学习发展。第八章行业导向，把企业置身于行业中看待，从促进相互良性影响到行业周期延伸共赢，寻求更广阔的发展天地。第九章社会导向，以社会意义以及企业使命为导向，在不确定的前行探索中，建立可引领穿越变化的稳定性因素。第十章系统导向，以抽象的系统思维，结合具体的系统思维方式，透视整体全局的关联，从而把握其中的原则性与灵活性。

通篇聚焦的不再是“我”，而是一个又一个“他”。这一个又一个“他”的概念范畴还在不断地扩大，必须以更大的格局才能解读与融会贯通。同时，我们发现其中“利他”的“利”已经不是靠价值转移可以实现的，而是靠创造价值才能完成。这有助于企业掌舵人走出自我，寻求合力，创建“我们”。只有不分你我的载体，才可能创造多方互利的体系。

这是一个通过实践而催生发展空间的过程，并不是仅思考就可以体会的。就好比破解珍珑棋局，多少高手苦思冥想不得法，根源在于利心太重不肯弃子，或者弃子不肯弃势。这是聪明使然，意在控制他人；而不是智慧使然，意在控制自己。只有以升维方式应对，共同发展，拓宽格局，才可能孕育生机。

下篇　商业动态平衡

【开篇旨趣】

上篇见自我，中篇见众生，下篇见天地。开启下篇“动态平衡”（图1），我们来谈谈眼界与见识。

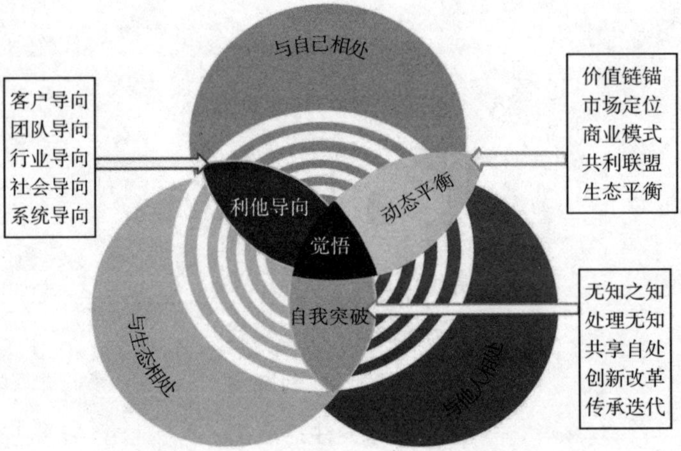

图1　三叶草领导力模型之动态平衡

眼界与见识不同，两者具备当然妙。眼界是指能感受到世界事物的广度边界，由外至内而产生；见识是指能感悟到事物本质深入程度，由内至外而产生。

康德一生也没有走出自己家的小镇，却写出哲学巨作《纯粹理性批判》。很明显，他的见识远大于眼界。反过来看，眼界远大于见识的状况，如飞鸟一般普遍存在。很明显，对于企业掌舵人，见自我又见众生者，再进一步见天地成为关键。其实，就是解读商业世界的动态平衡成为关键。

眼界与见识双缺情况确实无奈。对于企业掌舵人而言，性价比较高的方法，是阅读针对企业掌舵人觉悟领导力主题的书籍。读万卷书长见识，行万里路扩眼界。两者不能相互替代，却可以彼此促进。

本篇“动态平衡”前四章“价值链锚”“市场定位”“商业模式”“共利联盟”，存在表 1 的关系，第十五章“生态平衡”是对前十四章的综合解读。

表1 “动态平衡”篇章关系

时间因素 / 空间因素	时间有序出现	时间并列共存
空间边界清晰	第十一章：价值链锚	第十二章：市场定位
空间边界混沌	第十三章：商业模式	第十四章：共利联盟

看待同样事实的视角与思路不同，所洞悉的内涵就不同。人与人之间最大的距离：

可能会在于地理位置，

可能会在于生理状态，

可能会在于物理指标，

可能会在于贫富程度，

可能会在于命运际遇，

可能会在于激素水平，

……

越展开越可确定的是：差距必然在于视角与思路。

视角与思路，是人与人之间思维模式的关键差距，不容易习得，更不容易超越。因此，目前人工智能可能在信息收集以及信息加工上超越人类，但在视角与思路上的超越会有相当大挑战。

在中国，关于孩子教育有句被常引用的话：“赢在起跑线上。”许多人把起跑线都理解为接受体制教育。其实，这是个误区。人生不是一条赛道，人生也不是就做一个行当，人生会经历多个行当。而且，人生是长跑，不是短跑。更早接受体制教育，或更早接受名校教育，也不意味着起点优势。真正的起点高，真正的起跑线优势，是家庭或原生环境给孩子的认知模式影响。这种认知，包括价值观、人生观与世界观。这三观又可以对应觉悟三叶草模型的与他人相处、与自己相处、与生态相处。

这个认知模式的基础，会使孩子面临困难与压力时，表现出不同的应对状态。每个孩子的人生，都难免遇到困境。那些困境，不会让人念念不忘。让人念念不忘的是，孩子们各自独特的应对，也就造就了不同的人生。

如果这段话太含蓄不好理解，那就直言：孩子的起跑线，就是他们父母（或原生家庭成员，或关系密切的人）的认知高度。他们对世界的认知高度与处世格局，就是孩子的学习模板。这是本源，是首因。孩子是在父母的肩膀上成长的，父母影响着孩子如何看社会，如何看世界，如何看人生。所谓的起跑线，就是父母给孩子创造了什么样的认知环境。孩子后来所读的学校，所经历的成长途径，是首因前提下延伸的后续因素。

同理，企业的发展之路千差万别，而最可把握、最可控的首因，还是企业掌舵人的商业动态平衡观。这犹如父母的格局对孩子成长的首因影响。无论企业做什么产品，都遵循这个规律。民营企业更是如此。

第十一章　价值链锚

一、认识价值链

价值链（Value Chain）概念，首先由美国战略学家迈克尔·波特（Michael Porter）于1985年提出。最初，价值链主要是针对垂直一体化公司的，强调单个企业的竞争优势。随着国际外包业务的开展，波特于1998年进一步提出了价值体系的概念，将研究视角扩展到不同公司之间。这与后来出现的全球价值链概念，有一定的共通之处。

之后，寇伽特（Kogut）也提出了价值链的概念。他的观点比波特的观点更能反映价值链的垂直分离和全球空间再配置之间的关系。

2001年，格里芬（Gary Gereffi）在分析全球范围内国际分工与产业联系问题时，提出了全球价值链概念。全球价值链概念提供了一种基于网络分析国际性生产的地理和组织特征的方法，揭示了全球产业的动态性特征。

价值链分析法把企业内外增加价值的活动分为基本活动和辅助性活动，

如图 11-1 所示。

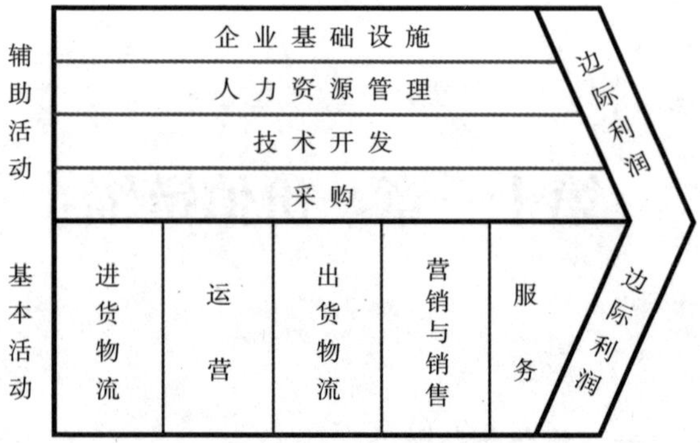

图 11-1　波特价值链分析法

基本活动是指生产经营的实质性活动，与商品实体的加工流转直接相关，是企业的基本增值活动，分为以下五种类型。

（一）进料后勤

进料后勤是与接收、存储和分配相关联的各类作业。例如原材料搬运、仓储、库存控制、车辆调度和向供应商退货等。

（二）运营

运营是与将投入转化为最终产品（或服务）形式相关的各种作业。例如机械加工、包装、组装、设备维护、检测等。

（三）发货后勤

发货后勤是与集中、存储和将产品发送给客户有关的各种作业。例如产成品库存管理、送货车辆调度等。

（四）营销与销售

营销和销售是与提供客户购买产品的方式和引导他们购买等相关的各种作业。例如，广告投放、促销、销售队伍组建和渠道建设等。

（五）售后服务

售后服务是与提供服务以增加或保持产品价值有关的各种活动。例如，安装、维修、培训和零部件供应等。

产业内涉及的各种辅助活动，可以分为以下三种基本类型。

（一）采购

采购是指购买用于企业价值链中生产产品所需资源的相关活动，既包括企业生产原料的采购，也包括辅助性活动相关的购买行为。如研发设备的购买等，还包含物料的管理等。

（二）人力资源管理

人力资源管理包括所有类型人员的招聘、培训与开发、绩效管理等活动。人力资源管理不仅对基本活动和辅助性活动起支持作用，而且支撑着整条价值链。

（三）企业基本制度建设

企业基本制度是指一些基础管理体系是支撑企业价值链的系统组成。比如会计制度和行政流程等。

内部价值链分析是价值链分析的基点。一家企业被看作一个系统，企业的各个部门是组成该系统的子系统。一项产品或服务在各个子系统流转，最终被提供给客户的过程，即形成一条价值链。企业的基本职能活动，如企业的总体管理、计划、法律管理等以及人力资源管理活动，虽然不直接为客户提供产品或服务，但对企业的运营起辅助作用，支撑着企业内直接创造价值的业务活动。其运行轨迹也形成相应的价值链。各条价值链在部门内交叉。每个部门都成为一个小的“利润中心”，消耗人、财、物等资源，完成一项或几项作业，使产品或服务在企业内部传递，创造出使用价值，并实现价值的逐步积累与转移。

运用作业成本法，沿着资源→作业（由资源动因引起，并耗费资源）→产品（由作业动因引起，并耗费作业）这一线索，把财务会计中划入期间费用的间接费用也分配进产品成本，使产品成本成为完全成本，以成本为基础的产品定价和利润核算才能更加准确。企业在此基础上进行的盈利能力分析，能帮助企业对客户分组，以便对不同的客户群采用不同的营销策略和服务手段。

运用作业成本法细分成本计算对象，从原来的产品或服务层次划分到作业层次，甚至细分到资源，能够产生大量有助于业绩计量和考核的数据与信息。高质量的业绩计量及评价，能有效调动员工的积极性，有助于企业实现事前、事中、事后的全方位管理，并把价值管理落实到使用价值管理中，实现全员管理。

同时，运用作业成本法细分成本计算对象，能够发现成本产生的根源，为成本压缩指明方向，有助于企业把有限的资源，分配到成本收益比率较高的环节。

二、价值链分析的意义

价值链分析法的基础是价值，其重点是价值活动分析。各种价值活动构成价值链。价值是买方愿意为企业提供给他们的产品所支付的价格，也代表着买方需求满足的实现。价值活动，是企业所从事的物质上和技术上的界限分明的各项活动。它们是企业制造，对买方有价值的产品的基石。

运用价值链分析，可以列明总价值。价值链分析除包括价值活动外，还包括利润。利润是总价值与从事各种价值活动的总成本之差。

价值链分析具有整体性概念。企业的价值链，体现在更广泛的价值系统中。供应商拥有产生创造和交付企业的价值链分析所使用的外购输入的价值链（上游价值）。许多产品通过渠道价值链（渠道价值）到达买方手中，企业产品最终成为买方价值链的一部分。这些不同属性的价值链，都在影响企业的价值链整体性。因此，获取并保持竞争优势，不仅要理解企业自身的价值链，还要理解企业价值链所处的价值系统。

价值链具有独特性。不同的产业具有不同的价值链。在同一产业，不同企业的价值链也不同。这反映了它们各自的历史、战略以及实施战略的途径等的不同，同时也代表着企业潜在竞争优势。

以上谈的是价值链分析对梳理企业内部运营，厘清企业竞争优势有一定的意义。接下来谈学习价值链分析工具对于理解觉悟三叶草领导力模型中动态平衡修炼方向的意义。

中篇第十章系统导向中谈到了思维方向建立基础的两个重要维度，一个是时间，一个是空间。对于时间维度，又存在两种观念：一种认为，时间是延续的，是同一方向中存在先后次序性区分的；另一种认为，时间是并列的，是于同一区间内各种可能性并列存在的。对于空间维度，也存在两种观念：一种认为，事件是独立分离的，各个属性事件是存在明确边界而独立的；另一种认为，事件是整体系统的，各个部分事件是统一综合地系统存在的。两个维度，衍生四种观念，两两结合，就成为四个思维方向。价值链分析，是建立在存在时间先后次序，以及事件独立分离属性且存在清晰边界的思维方式方向上的。

企业内部的运作行为是动态发生的，通过价值链分析，把五种基本活动与四种辅助活动边界明确地分解开来，对于寻求其平衡节点，提供了充分条件。

企业内部的运作行为是动态发生的，通过价值链分析，把各种活动发生的时间先后顺序排列出来，尤其把相互关联环节的价值变化标注出来，对于控制其平衡节点，提供了必要条件。

企业内部的运作行为是存在平衡节点的。围绕这个平衡节点，在商业行为中，可能把企业的竞争优势通过动态运作转化为稳定扩增的生产产出且指向增值最大化。

企业内部的运作行为是存在平衡节点的，把控这个平衡节点，在商业行为中，可能把企业的竞争优势，在动态运作中，获得可预期的延续性发展。

企业的运作，动态是事实，平衡是道理。而达到并保持动态平衡，既需要科学方法，也需要艺术形式。经营管理上的科学与艺术，是辩证统一的，压力都落在企业掌舵人身上。

从动态平衡的反面来看：如果不能达到动态平衡，企业会出现失衡的表现。这些表现，企业掌舵人可能会熟悉：出现质量问题，包括不达指标、成本失控、交货延期等；出现安全问题，包括员工工伤、设备故障、违反规定等；出现信任问题，包括合作冲突、推卸责任等。

面对这些问题，救火一般的紧急工作要做，防火一般的重要工作也要做。救火，就是个案式的具体情况具体处理；防火，就是驻足思考，对企业自身进行价值链分析，进而防范干预。

企业中这些问题很常见，可问题的原因往往不在单一的某个点，而是企业背后活动的前后关联性。所以，企业掌舵人应学会对价值链进行分析。

必须提醒的是，价值链分析只是确定价值链锚中的一部分准备工作。仅了解企业自身不够，还要对客户充分了解。知己知彼也不够，还得认知彼此互相所处的市场环境和发展趋势。

三、价值链锚

一条船，停靠下锚，要注意三个因素：第一，船本身的因素，包括船锚、索链、连接点的结实度；第二，下锚的位置选择，是否坚实稳当；第三，兼容船与下锚点的水位，在停船间隔时间内的潮汐活动。当然，这是个类比。船本身的因素，象征的是企业内部的因素。下锚点位置，象征的是市场需求的非同质化聚焦点。水位变化，象征的是经济环境的发展趋势。

价值链分析法是一种确定企业内部竞争优势的工具。价值链分析的应用，关注企业内部活动的价值产生。通过分析识别企业活动，将企业活动归类分析，确定企业价值链的关键环节，从而确立企业的竞争优势来源。任何一个企业，都是其产品在设计、生产、销售、交货和售后服务等方面，所进行的各项活动的聚合体。每一项经营管理活动，就是这一价值链条上的一个环节。企业的价值链及进行单个活动的方式，反映了该企业的历史、战略的方式，以及活动自身的主要经济情况。

企业从事价值链活动，一方面创造客户认为有价值的产品或服务，另一方面须负担各项价值链活动所产生的成本。企业经营的主要目标是尽量增加客户对产品或服务所愿支付的价格，从而与价值链活动所耗成本之间产生足够差距（即利润）。一定水平的价值链，是企业在一个特定产业内的各种作业的组合。

这种优化价值链的动态组合过程，就是价值链锚的把握过程。感慨的是：客户的忠诚，不是由客户人品决定的，而是由企业不断调整价值链，对价值锚作出配合决定的。

需要提醒的是，关注了企业内部价值链优化，关注了外部客户需求价值定位，还要密切关注经济环境发展趋势，这是潮汐规律带来的水位环境变化。所以，企业掌舵人需要学习基本的经济学理论。

四、价值链分析的局限性

事情具有辩证的两面性，价值链分析有许多正面作用，必然也有其弊端。我们来思考一下价值链锚的做法中，价值链分析的局限性。

狭隘的视角：传统的价值链分析是从企业的现有资产或企业的现有竞争优势开始，逐步经过投入、生产、销售的分析，最后实现对客户的分析。这种分析方法实际上是以企业为中心，否定了企业价值的获取，最终将取决于客户要求的事实，因而容易造成企业对业务范围的选择不当，使企业的活动得不到市场的承认。

不适用于所有企业：价值链分析主要适用于制造业和服务业，对于其他行业如金融业、教育业等不是很适用。主要原因来自行业的区分，对于有限游戏属性的节流式创利的行业，价值链分析具有适用性；对于无限游戏属性的开源式创利的行业，价值链分析适用性较低。

不适合多元化业务分析：价值链分析主要侧重的是单一业务的分析。对于多元化公司来说，价值链分析无法全面地考虑企业的整体能力，以及多元化业务之间的互相影响，无论相互影响是促进还是削弱。这种方法，对于整个企业来说都是不全面的。

成本较高：价值链分析需要消耗大量时间和精力收集数据信息，因此成本较高。尤其系统建立初期，作业单元之间的衔接与分界，需要不断试验总结。这对于职能之间的磨合，也会产生损耗，表现在责任的界定、信任感的消耗等。

管理难度大：价值链分析需要对企业内部各个环节进行分析整合，因此企业掌舵人需要具备较强的管理能力与协调能力，这对于企业掌舵人是挑战。人的天生优势与精力都是有限的。当企业掌舵人依赖勤奋来弥补时，已经是在进行有限的节流属性游戏。毕竟，企业掌舵人需要努力把自己发展成为企业竞争力的组成部分，而且把自己最擅长的领域发挥透彻，才可能开发出无限的开源属性游戏。

缺乏灵活性：价值链分析通常基于现有的流程和系统进行分析，因此缺乏一定的前瞻性与灵活度，难以应对新的市场变化和竞争挑战。这是因为以以往的经验与数据参考作支撑。

基于价值链分析具有以上种种局限，我们在价值链锚的思路中导入了价值锚的概念，即推动企业掌舵人思考分析行业+对手+用户，这三个元素来关注用户需求价值；同时推动企业掌舵人学习经济学基础原理，学习不同学派主张来关注经济环境的趋势变化。这种应对处理，本身就具有动态平衡的意义。

企业掌舵人管理公司不存在具体的必由之路。学习本书的觉悟三叶草模型好比查字典，目的不在于弄清楚哪个字的读音，虽然的确有对应的读音（读音比喻具体的操作应对方法）；目的更在于学会查字典的方法（查字典的方法比喻寻找当前企业解决问题答案的视角与思路），这样以后面对更多不会念的字就有信心有底气知道怎么读。

所以，本书对于企业掌舵人而言是一本工具书，在迷茫与困惑时翻翻，有助于开扩视野与启发思路。

五、企业掌舵人与价值链锚

企业掌舵人厘清价值链锚，其实是反思盈利从何获取，以及如何掌握应对的基本思考。有了这个基础，才可能找到瓶颈，解决突破。或者，为发展战略布局做好准备。这就是自我企业的剖析过程，也是调整的过程。

面对董事会，这是企业掌舵人需要呈交的作业。投资与管理不一样，投资存在成功概率，管理经营则不同，讲求结果。当然，董事会更关注结果，董事会不仅在乎投资回报结果，也掌控着对经营管理权者的任免权。

面对企业高管团队，价值链锚的解释，其实就是对企业战略的解读。各自业务活动与各种辅助活动对于企业都很重要，但在某一瞬间各自的重要性程度必然不处于同一水平。如何使执行的管理者不觉得这是企业掌舵人的随意，失去方向或失去公平，最合适的方式就是翻译传递价值链锚的理解。这种做法还可以推动高管们同频配合，产生合力。

面对可能的继任者，这是传承迭代的重要元素。如果说精神层面的内容的确需要承接，但那是务虚属性的，那么由价值链锚所指引的战略制定则是实打实可以继承与发展的。共同研讨并实施此战略的过程，也是强化企业基因的过程。

综合上述，企业掌舵人需要对价值链锚负责，把自己置身于把控动态平衡的挑战中。对于特定企业的价值链锚，没有标准答案，确实考验企业掌舵人的智慧，也体现时机的偶然性。

价值链锚，影响着企业战略的确定。联系“自我突破”和“利他导向”两篇内容，须提出的是，在心理独行状态下去制定战略，不同于建立创业团队联盟状态，用合力去制定战略。后者更容易被理解接受。因为，重要团队参与了这个过程。推动企业前进存在双轮驱动，主动轮是战略，被动轮是文化。战略推动事，文化协调人。有什么样的战略，就会有什么样的文化支持。当然，如果战略变了，文化随之而变。在确定价值链锚的同时，别忽略了体现大众思维模式与行为模式总和的企业文化建设。

对同一行业背景下的不同企业掌舵人所选取的不同价值链锚以及后来产生的差异结果进行比对，是一件有趣的事情。

年光似鸟翩翩过，世事如棋局局新。

第十二章　市场定位

一、全面了解市场
二、认识市场定位
三、市场定位的原则
四、市场定位的表现方式
五、市场定位的实质
六、实施市场定位的技巧

一、全面了解市场

（一）市场的概念

市场是社会分工和商品生产的产物，哪里有社会分工和商品交换，哪里就有市场。

在大多数市场，参与活动的各方可以通过交换货物和服务来获取各自利益，卖方依赖提供货物或服务来换取买方的金钱。可以说，市场是商品和服务价格建立的过程。市场促进贸易，并促成社会中的分配。市场允许对任何可交易项目进行评估和定价。市场通常是自发地出现，也可以通过人际互动刻意地构建，以便服务和商品的交易的建立。

狭义而言，市场包括人口、购买力、购买欲望等因素。其中，人口是构成市场最基本的要素，人口的多少是决定市场大小的基本前提；购买力是指消费者用货币购买商品或服务的能力，一般情况下是由消费者的收入决定的；购买欲望是指消费者购买商品的动机、愿望和需求。

市场在其发展和壮大过程中，也推动着社会分工和商品经济的进一步发展。市场通过信息反馈，直接影响企业生产什么、生产多少以及上市时间、产品销售状况等。联结商品经济发展过程中的产、供、销各方，并为产、供、销各方提供交换场所、交换时间和其他交换条件，以此实现商品生产者、经营者和消费者各自的经济利益。

（二）市场的特点

1. 自发性

在市场经济中，商品生产者和经营者的经济活动，都是在价值规律的自发调节下追求自身的利益。实际上就是根据价格的涨落，决定自己的生产和经营活动。因此，价值规律的作用，即自发调节生产资料和劳动在各部门的分配，在对资源合理配置起促进作用的同时，也使一些个人或企业由于对自身利益的过分追求而产生不正当行为。

2. 变动性

在市场经济条件下，经济活动的参加者分散在各自的领域从事经营活动，单个生产者和经营者不可能掌握社会各方面信息，也无法控制经济变化的趋势。因此，经营者做决策时，就仅观察市场上什么价格高，有利可图，并据此决定生产、经营什么，这显然有一定的盲目性。这种盲目性往往会使社会处于无指引状态，从而造成经济波动和资源的浪费。

3. 滞后性

在市场经济中，市场调节是一种事后调节，即经济活动参加者是在某种商品供求不平衡，导致价格上涨或下跌后，才做出扩大或减少这种商品决定的。这样，从供求不平衡到价格变化，到做出决定，再到实现供求平衡，必然需要一个过程，有一定的时间差。也就是说，市场虽有及时、灵敏的特点，但它不能反映出供需的长期趋势。

（三）市场的关键词

市场是指在特定的时空对某一类产品或者服务需求的总和。如果给市场设定几个关键词，那么可以是“供需”“竞争”“洞察”等。

1. 供需

供应端和需求端，在市场里，两者同样重要。比如，对于餐饮行业来说，所谓的供需两端便是餐厅和食客。不同的产品或服务，对应与其相匹配的供应链，二者缺一不可。从供需角度来说，在特定的时间和空间里，市场的“大小”是可以量化的。在供需关系下，市场是可以细分的。从需求端（消费者）的心理、行为习惯、年龄构成等维度，我们可以把市场分为“潜在市场”“无效市场”“有效市场”等不同的市场。同时我们可以从需求端分析，定义出市场的生命周期，即导入阶段、增长阶段、成熟阶段和衰退阶段。对供需的分析，是了解市场的起点。

2. 竞争

有市场就有竞争。随着生产效率和技术水平的提升，市场上某一产品或服务的同质化现象越来越严重。比如，对于不同的咖啡品牌，我们可以通过门店购买，也可以网购下单。在进入市场之前，你了解你的竞争对手吗？这里说的竞争对手，不仅有直接竞争对手，还包含潜在竞争对手。比如，对于汽车行业来说，通常的竞争对手不仅有“跑在路上的”，还有“飞在天上的”。了解竞争还有很多维度和方法，对竞争的理解深度和投入，将大大提升自己对市场的了解。

3. 洞察

所谓“洞察”，是指对未来市场趋势的把控。这就不得不讲一讲风口了。什么是风口？风口便是一种趋势，是未来十年乃至几十年的市场走向，也是我们判定即将要做的生意是否有市场的重要依据。一般情况下，我们要从哪些方面考虑市场上的“风口”呢？洞察的角度包括：人口因素、经济因素、文化因素、自然条件、政治环境等。

（四）市场的功能

市场在经济生活中占有举足轻重的地位，它的功能和作用主要体现在以下几个方面。

（1）交换功能。市场的核心目标是实现商品交换，实现商品所有者和货币所有者之间的互相转移，最终把商品送到消费者手里，使买卖双方都得到满足，把各地商品生产者和消费者联系起来，实现经济上的联结。商品的价值是在生产领域创造出来的，但是价值的实现必须通过市场进行商品交换来完成。商品生产的目的是实现价值，消费的目的是消费使用价值。充分体现市场价值功能，可以更好地实现生产者和消费者的价值交换。

（2）供给功能。商品运输和储存的供给功能，是保证商品交换不可缺少的环节，是实现商品交换功能的必要条件。商品的生产和消费在时间、空间上存在较大差异，流通过程中的商品，往往不是经过一次转手或停顿就能实现，而是要经过多次转手或停顿的购销活动才能完成，因此，从购买到销售，要经过运输（传递）和储存（保存）。商品的实际运输和储存，是以商品所有权的转移、收购和销售为前提的。在购、销、运、存四个环节中，购和销起主导作用，运和存是购和销的派生，又是购和销的必要条件。

（3）资源调剂功能。为了保证交换和供给功能的顺利进行，市场在资本市场起筹集和投放企业资金，调剂社会资金余缺的作用。例如，信息市场起收集、预测市场信息，沟通情报，传达行情的作用；保险市场起承担各种商务风险和安全保护的作用。这些市场功能使企业与企业、行业与行业、地区与地区、国家与国家之间的商品、资金、技术、信息等有机地联系起来，发挥资源有效匹配的作用。

（4）调节功能。市场作为交换和买卖的场所，是洞察商品供求变化的窗口，能灵敏地提供信息，把生产和消费、供给和需求更好地结合起来，引导人们调节生产和消费，自发地调节交换双方的利益。人们从市场得到信息反馈后，可以根据市场变化和发展趋势调节生产结构和商品结构，改进生产技术，降低生产成本，增加产品种类或者淘汰不合时宜产品，提高商品质量，以适应瞬息万变的市场需要。

（5）收益分配。市场通过价格、利率、汇率、税率等经济杠杆，对市场上从事交易活动的主体——生产者、消费者、中间商等，进行收益分配或再分配。

二、认识市场定位

（一）市场定位概念

市场定位也称作“营销定位”，是市场营销人员在消费者心目中塑造的产品、品牌或组织的形象或个性（Identity）的营销手段。据此，企业根据竞争者现有产品在市场上所处的位置，针对消费者或用户对该产品的某种特征或属性的重视程度，强有力地塑造出与竞争产品不同的、给人印象鲜明的个性或形象的产品或服务，并生动地传递给顾客，从而使该产品在市场上占据有力的位置。简言之，就是在目标客户心目中树立产品独特的形象。

（二）市场定位的目的

市场定位，并不是企业对一件产品本身做些什么，而是企业在潜在消费者的心目中做些什么。市场定位，是使该企业与其他企业严格区分开来，使顾客明显感觉和认识到这种差别，从而在顾客心目中占有特殊位置。市场定位能创造差异，有利于塑造企业特有的形象。市场定位能适应细分市场消费者或顾客的特定要求，更好地满足消费者需求。市场定位能形成竞争优势，增强企业竞争力。

（三）市场定位的思路

市场定位的关键，是企业要设法在自己的产品中找出比竞争者更具优势的特性。竞争优势一般有两种基本类型：一是价格竞争优势，就是在同样的条件下，比竞争者定出更低的价格。这就要求企业采取一切方法，来降低单位成本。二是偏好竞争优势，即能提供确定的特色，来满足顾客的特定偏好。这就要求企业采取一切方法在产品特色上下功夫。因此，企业市场定位的全过程包括以下四个步骤。

（1）识别潜在竞争优势。这一步骤的中心任务，是要回答三个问题：一是竞争对手产品定位如何？二是目标市场上顾客欲望满足程度如何，以及市场还需要什么？三是针对竞争者的市场定位和潜在顾客的真正需要，企业应该以及能够做什么？要回答这三个问题，企业市场营销人员必须通过一切调研手段，系统地设计、搜索和分析活动，从而确定自己潜在的竞争优势。

（2）明确核心竞争优势。竞争优势，是企业能够胜过竞争对手的重要能力。这种能力既可以是现有的，也可以是潜在的。明确核心竞争优势，实际上就是一个企业与竞争者各方面实力相比较的过程。比较的指标，应是一个完整的体系。只有这样，才能准确地判断与选择相对竞争优势。通常的方法是分析比较企业与竞争者在经营管理、技术开发、采购、生产、市场营销、财务和产品七个方面，究竟哪些是强项，哪些是弱项。借此选出最适合本企业的优势项目，以初步确定企业在目标市场上所处的位置。

（3）优势的传播。这一步骤的主要任务，是企业要通过一系列的宣传促销活动，将其独特的竞争优势准确传播给潜在顾客，并在顾客心目中留下深刻印象。首先，应使目标顾客了解、知道、熟悉、认同、喜欢和偏爱该企业的市场定位，在顾客心目中建立与该定位相一致的形象。其次，企业通过各种努力强化目标顾客形象，保持对目标顾客的了解，稳定目标顾客的态度和加深目标顾客的感情，从而巩固与市场预期相一致的形象。

（4）对不一致的纠偏。企业应随时关注目标顾客，对其市场定位理解产生偏差，或由于企业市场定位宣传上的失误而造成的目标顾客对企业定位看法上的模糊、混乱和误会，及时调整和纠正。企业的产品在市场定位上即使很恰当，但在下列情况下，还应考虑重新定位：竞争者推出的新产品定位在企业产品附近，并成功侵占了企业产品的部分市场，使市场占有率下降；消费者的需求或偏好发生了变化，产品销售量骤减。

三、市场定位的原则

各个企业经营的产品不同，面对的顾客不同，所处的竞争环境也不同，因而市场定位所依据的原则也不同。总的来说，市场定位所依据的原则有以下三项。

（一）根据具体的产品特点定位

构成产品内在特色的许多因素，都可以作为市场定位依据的原则。比如所含成分、材料、质量、价格等。汽水的定位是“非可乐”，强调它是不含咖啡因的饮料，与可乐类饮料不同。止痛药的定位是“非阿斯匹林的止痛药”，显示药物成分与以往的止痛药有本质差异。

（二）根据特定的使用场合及用途定位

为老产品找到一种新用途，是为该产品创造新的市场定位的好方法。小苏打曾一度被广泛用作家庭的刷牙剂、除臭剂和烘焙配料，已有不少新产品代替了小苏打上述功能。小苏打可以被新定位为冰箱除臭剂，另外，还有公司把它当作调味汁和肉卤的配料，更有公司发现它可以作为冬季流行性感冒患者的饮料。

（三）根据顾客得到的利益定位

产品提供给顾客的利益，是顾客最能切身体验到的，也可以用作定位的依据。1975 年，美国人米勒（Miller）推出了一种低热量的啤酒，将其定位为喝了不会发胖，迎合了那些经常饮用啤酒又担心发胖的人。

事实上，许多企业进行市场定位依据的原则往往不止一个，而是多个原则同时使用。因为要体现企业及其产品的形象，市场定位必须是多维度的、多侧面的。这种多维度地构思市场定位策略，无论对于面向终端客户的企业，或是面对企业客户的企业都适用。

四、市场定位的表现方式

根据在市场上与同行业产品的比对分析，市场定位有如下表现方式。

（一）避强定位

避强定位策略是企业避免与强有力的竞争对手发生直接竞争，而将自己的产品定位于另一市场区域内，使自己的产品在某些特征或属性方面，与强势对手有明显区别。这种策略可使自己迅速在市场上站稳脚跟，并在消费者心中树立起一定形象。由于这种做法风险较小，成功率较高，常为多数企业采用。

（二）迎头定位

迎头定位策略是企业根据自身的实力，为占据较佳的市场位置，不惜与市场上占支配地位，实力最强或较强的竞争对手发生正面竞争，从而使自己的产品进入与对手相同的市场位置。由于竞争对手强大，这一竞争过程往往相当引人注目。而企业及其产品能较快地为消费者了解，达到树立市场形象的目的。这种策略可能引发激烈的市场竞争，具有较大的风险。因此，企业必须知己知彼，了解市场容量，正确判定凭自己的资源和能力，是不是能比竞争者做得更好，或者能不能平分秋色。

（三）重新定位

重新定位策略是企业对销路少、市场反应差的产品进行二次定位。初次定位后，如果由于顾客的需求偏好发生转移，市场对该企业产品的需求减少，或者由于新的竞争者进入市场，选择与该企业相近的其他市场位置，这时企业就需要对其产品进行重新定位。一般来说，重新定位是企业摆脱经营困境，寻求新的活力的有效途径。此外，企业如果发现新的产品市场范围，也可以进行重新定位。

五、市场定位的实质

市场定位的实质，是使本企业与其他企业严格区分开来，使顾客明显感觉和认识到这种差别，从而在顾客心目中占有特殊的位置。市场定位可分为对现有产品的再定位和对潜在产品的预定位。

对现有产品的再定位，可能导致产品名称、价格和包装的改变，但是这些外表变化的目的是保证产品在潜在消费者心目中留下值得购买的形象。对潜在产品的预定位，要求营销者必须从零开始，使产品特色确实符合所选择的目标市场。

企业在进行市场定位时，一方面要了解竞争对手的产品具有何种特色，另一方面要研究消费者对该产品的各种属性的重视程度，然后对这两方面进行分析，再选定本公司产品的特色和独特形象。

为什么“定位”会奏效？定位理论成效非凡，并非因为其深邃精妙，而是源于外部环境的变化和人类心理的特点两大因素。

一方面，外部环境是爆炸式地供给；另一方面，是极其有限的接受能力，此种情况下，我们不得不做出改变：从介绍产品（增强供给）转变为在潜在顾客心中寻找空位并占据（增强接受）。

市场定位具有三个要素：

（1）由外而内。本质上是从供给不足到供给过剩递进过程中，使定位中心不断从厂商向顾客转移。

（2）极简化的信息传递。在信息爆炸和内心简单双重影响下，导致的仅有极简化的信息才可能被潜在顾客记住。

（3）极力寻找空位并占据。意识到并时刻提醒自己，潜在客户留给品牌的空间并不多。

概括市场定位的实质核心，就是通过对客户需求、竞争对手、供求关系、经济环境等企业外部因素分析，进而调整并优化其运作，使在内部相对稳定输出的前提下，围绕选定的输出方向，做到企业对外聚焦输出，实现盈利最大化。

六、实施市场定位的技巧

（一）成为第一个进入用户内心的人

世界第一高峰你知道吗？珠穆朗玛峰，我们都知道。但第二高峰你知道吗？事实上知道的人相对不多。特别提示，第一个进入用户内心的人，不一定是第一个将产品推向市场的人。

（二）成为第一后，要拦截潜在对手

非常直观地说明，成为第一却不拦截对手的话，那么未来面临的竞争与困境是无比巨大的。

（三）如果正面战场无法成为第一，那就创造一个新的定位

大部分企业都有“只要我愿意投入，就一定能做得更好”的思维惯性，

在大公司尤其如此。这本质上是一种“我能行”的精神，体现了“人有我优，就能占据市场”的理念。但用户心中的定位一旦建立，就很难更改，或者更改的成本很高。创造一个新的定位，并非创造一个新的产品。

（四）新定位要和潜在顾客的认知建立联系

凭空创造一个新的概念，而和顾客心中的认知完全没有关系的话，那是很难被接受的。建立联系的方式很多，比如从顾客的某个强烈需求出发，“无”铅汽油、“无”磷洗衣粉等。

（五）重新定位竞争对手

定位的理论不仅可以应用于在潜在顾客内心中建立有利于自己的定位，也可以应用于在顾客的心中为竞争对手建立不利的定位。

（六）避免品牌负载过重

品牌延伸几乎是每一家大公司都会做的事情，毕竟很少有人愿意一直困守在一个稳定的市场中。但一个品牌承载太多的产品和价值，必定会混淆其定位，最终让顾客感到迷惑和无所适从。品牌过载并非一个公司仅能有一款产品，而是需要为每一个相关的产品赋予独立的定位。

（七）起一个好名字

“有个好标题，文章就成功了第一步”，这句话我们从小学写作文的时候就听过。一个好的产品名，对于一家公司的重要性不言而喻。当然，名字好与不好的标准，对于终端客户与企业客户，存在一定区别。

第十三章　商业模式

一、了解桑基鱼塘

桑基鱼塘（Mulberry Fish Pond），是我国东、南部水网地区人民在水土资源利用方面创造的一种传统复合型农业生产模式。

桑基鱼塘将水网洼地挖深成为池塘，挖出的泥在水塘的四周堆成高基，基上种桑，塘中养鱼，桑叶用来养蚕，蚕的排泄物用以喂鱼，而鱼塘中的淤泥又可用作桑树的肥料，通过这样的循环利用，取得了“两利俱全，十倍禾稼”的经济效益。

桑基鱼塘的主要特点有：一是种桑与养蚕、养鱼相结合，生产上有紧密的联系；二是植物与动物互养，形成良性的生态循环；三是塘和桑基的比例为六比四（或七比三），六分为塘，四分为基，塘与桑基合理分布，水陆资源相结合。

从种桑开始，通过养蚕而结束于养鱼的生产循环，构成了桑、蚕、鱼三者之间密切的关系，形成池埂种桑，桑叶养蚕，蚕茧缫，蚕沙、蚕蛹、缫丝废水养鱼，鱼粪等肥泥肥桑的比较完整的能量流系统。

在这个系统里，蚕丝为中间产品，不再进入物质循环。鲜鱼才是终级产品，提供人们食用。系统中任何一个生产环节的好坏，必将影响其他生产环节。有句渔谚说“桑茂，蚕壮，鱼肥大，塘肥，基好，蚕茧多”，充分说明了桑基鱼塘循环生产过程中各环节之间的联系。

桑基鱼塘的发展，既促进了种桑、养蚕及养鱼事业的发展，又带动了缫丝等加工工业的前进，已然发展成一种完整的、科学化的人工生态系统。在这种互相促进的模式基础上，经过多年实践，从业者陆续发展起对应的管理技术：建塘、改土、多肥、东桑西移……

桑基鱼塘模式的设计与实施充满智慧。根据本篇前两章的学习，我们可以看到桑、蚕、鱼三个产业本身都有自身产品生产内部的价值链分析及对外锚定，也各自都可以有营销外部的市场定位。最有意思的是，这三个产业互相联结，成为彼此促进循环的模式。

其实，这种良性循环的模式设计，其关联部分是可以是内部管理架构，也可以是外部客户界面，还可以是内外部联系枢纽的产品服务。进一步而言管理架构 + 产品服务 + 客户界面这三者之中。当然，要实现这样的商业模式构建，首先要学习商业模式知识。

二、学习商业模式知识

（一）商业模式的定义

商业模式概念第一次出现于 20 世纪 50 年代，目前这一名词出现的频度极高，几乎所有企业在谈及战略和发展模式的时候都会用到商业模式。目前，商业模式的定义仍然没有一个权威的版本，国内外有很多学者从各种角度对商业模式进行了定义。

目前被多数人认可的定义是：为实现客户价值最大化，把能使企业运行的内外各要素整合起来，形成一个完整的、高效率的，具有独特核心竞争力的运行系统，并通过最优实现形式满足客户需求、实现产品价值。同时，使系统达成持续盈利目标的整体解决方案。

通俗地说，商业模式就是描述一家公司，如何为顾客创造价值、传递价值并获取价值的抽象模式。更直白地说，商业模式就是描述企业如何赚钱的。

（二）商业模式的作用

商业模式决定了企业通过何种方式赚钱，在企业诸多管理模型中，处于非常重要的位置。随着新技术、新产品、新服务的出现，价值链的分拆和重组，新的客户群体和销售渠道的产生，企业的运营模式面临激烈的竞争。同时，也带来了新的经营方式。现在的企业经营模式千差万别。企业已经不可能仅凭单一的产品或者某一项领先的技术就能盈利，更不可能凭借某个单独的创意就能确保持续发展。企业如果能够生产并且持续盈利，必须依靠系统的安排、整体的力量，这就是商业模式的作用。所以未来企业的竞争将是商业模式的竞争。

（三）商业模式的本质

每一种新的商业模式的出现，都意味着新的商业机会的出现，谁能率先把握商机，谁就能在商业竞争中拨的头筹。

商业模式的本质，就是企业创造价值的核心逻辑，就是把握企业面临的机遇，满足客户的需求，明确企业盈利模式。所以，商业模式是企业，特别是创业型企业的核心本质。企业只有对商业模式进行清晰合理的描述，才能真正打动投资者进行投资。

（四）商业模式的描述

商业模式的描述方式有很多，当前比较主流的就是通过模型描述商业模式。用模型描述商业模式，主要是把企业涉及的商业元素及它们之间的关系描述成模型，也就是企业商业活动的概念化和抽象化。这种方法既能勾画商业模式的整体和系统视图，又能把商业模式涉及的所有元素进行有机关联，明确各元素之间的关系。

当前比较主流的商业模式模型，就是亚历山大·奥斯特瓦德、伊夫·皮尼厄（Yves Pigneur）在《商业模式新生代》（*Business Model Generation*）和《价值主张设计》（*Value Proposition Design*）两本书中提出的“商业模式画布”理论。商业模式画布用九个不同的模块描述了企业的商业模式。

商业模式画布中九个模块的定义如表13-1所示。

表13-1　商业模式画布模块

<table>
<tr><td rowspan="4">关键合作伙伴</td><td>关键业务</td><td rowspan="4">价值主张</td><td>客户关系</td><td rowspan="4">客户细分</td></tr>
<tr><td></td><td></td></tr>
<tr><td>关键资源</td><td>渠道通路</td></tr>
<tr><td></td><td></td></tr>
<tr><td colspan="2">成本结构</td><td colspan="3">收入来源</td></tr>
<tr><td colspan="2"></td><td colspan="3"></td></tr>
</table>

模块其实是一套“商业模式画布”理论的组成部分。商业模式画布由九个相互关联的模块组成，这些模块共同组成了系统而完整的商业模式视图。

价值主张，主要指企业向客户提供的产品或服务所包含的价值和特点，以及与竞争对手的差异。价值主张的设计，需要考虑客户需求、市场趋势和企业优势，以提高产品或服务的独特性和市场竞争力为主要目标。价值主张是商业模式画布的核心。

客户细分明确你的目标客户是谁，将市场细分为不同的客户群体，了解他们的需求、特点和消费行为。客户可以基于年龄、性别、地域、行业，以及消费偏好等多种维度分类，以便精准地定位客户并提供定制化的产品或服务。

客户关系定义企业与客户之间的互动方式和关系类型，以便提高客户忠诚度和满意度。客户关系包括个性化服务、快速响应、客户反馈等方式，以便企业能够更好地了解客户需求和改进机会点。

渠道通路是如何与目标客户交流，以传递价值。渠道包括线上和线下的销售渠道、推广渠道、售后服务渠道等，以便满足客户需求和提高复购率。

收入来源是指企业从产品或服务销售中获得的收入。收入来源可以基于产品或服务的不同属性、销售渠道、客户类型等多种因素进行分类，以便企业能够更好地了解市场需求和收益结构。

关键业务是指企业必须执行的核心活动，以提供产品或服务并实现商业目标。关键业务包括研发、生产、运营、销售和市场营销等多种活动，以便企业能够更好地实现商业战略和目标。

关键合作伙伴是指企业与其他组织或企业，建立的合作伙伴关系，以实现共同的商业目标。关键合作伙伴关系包括供应商、合作伙伴、分销商等多种类型，以便企业能够更好地利用外部资源和优势，提高产品或服务的质量和效率。

关键资源是企业为提供产品或服务，必须拥有的资源和能力。关键资源包括物质资源、人力资源、技术资源、IP 资源等多种形式，以便企业能够更好地保持竞争优势。

成本构成是指企业为提供产品或服务必须承担的成本和费用。成本结构包括直接成本、间接成本、固定成本、变动成本等类型，以便企业能够更好地了解成本结构并优化成本管理。

在以上九个模块中，最核心的是价值主张、渠道通路和关键业务这三个因素。价值主张代表企业有客户想要的独特的产品和服务；渠道通路代表企业有能力用好产品打动客户内心，且心甘情愿为此埋单；关键的交付能力将确保可以做到企业声称的好产品和优质服务，且可以产生迭代和长期复购。

需要说明的是，无论以盈利为目的的商业组织，还是非营利组织，都可以运用以上九个模块来构建良性循环的商业模式管理架构、产品 / 服务和客户管理界面，三者分别都可能成为商业模式构建的关联区域。

（五）用好商业模式将为企业的商业成功提供多方面助力

1. 指导战略决策

帮助企业确定战略决策和业务方向，包括产品定位、目标市场选择、收入来源确定等。通过清晰定义和商业模型分析，企业能够更准确地把握市场趋势和竞争环境，制订一套有效的战略。

2. 识别商业机会

有助于企业发现和识别商业机会，找到满足市场需求的创新解决方案。通过对市场分析、客户洞察和资源评估，企业可以发现新的市场空白点，改进现有产品或服务以创造新机会。

3. 确定盈利模式

明确企业如何创造价值并获得收入，从而确定盈利模式。通过定义收入来源、成本结构和利润驱动因素，企业可以更好地规划资金运作，为持续经营和利润增长打好基础。

4. 优化资源配置

帮助企业合理分配和管理内部资源，包括人力资源、财务资源、技术资源等。全面考虑关键资源和关键业务，优化这些资源的配置，从而提高运营效益和竞争力。

5. 有效沟通与合作

提供了一个共同的框架，可以帮助企业内外部各方更清晰地理解企业的商业逻辑和运作方式。将商业模式图形化，与股东、合作伙伴、投资者等进行有效沟通，这样更容易建立共识、促进合作。

6. 持续创新和优化

商业模式是一个动态的工具或者思路，随着市场和企业的变化而不断优化。通过持续监测市场趋势、分析竞争动态和客户的反馈，企业可以不断优化和调整商业模式，以适应变化的环境和需求，实现持续创新和发展。

三、业务领导力模型

首先，我们来了解一下商业模式与商业模型的关系。

商业模式，是企业在战略层面，联系内部与外部，对自身价值实现的经营状态的规划设计。商业模式是对结果的布局设想，需要通过成因的途径实施达成。商业模型，是支撑商业模式结果实现的成因，具体表现为思路构成与操作指引。

我们再来认识一下，把商业模式从设计到实现的业务领导力（BLM）模型。

BLM 模型是源自 IBM 公司 2003 年研发的一套完整的战略规划方法论，BLM 共包括四个部分，如图 13-1 所示。最顶层是领导力，是公司整体发展的主要驱动力。最底层是价值观，是对组织文化的深层影响。当然居中的战略与执行，是决定企业前进的根本动力。BLM 模型的引入，可有效地解决各部门战略落地问题，并极大地提升人力资源部门与业务部门联系的紧密程度。

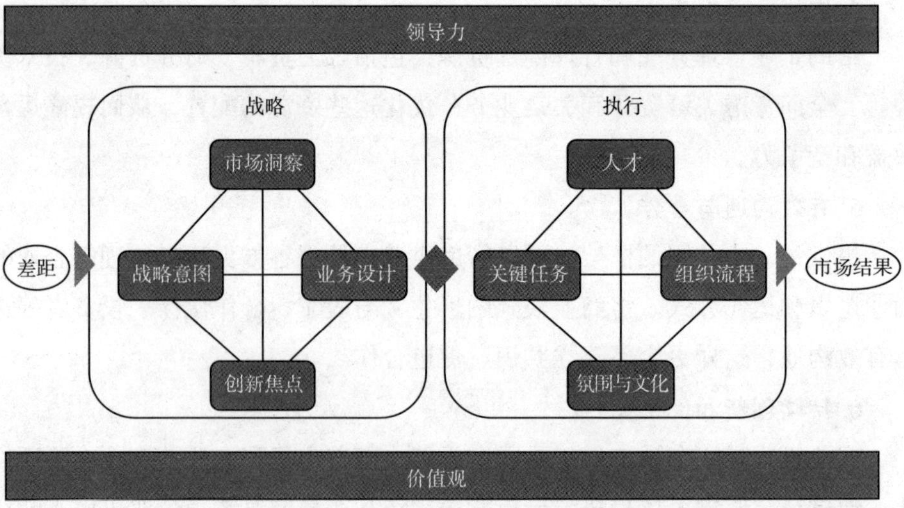

图 13-1 业务领先模型

BLM 模型认为企业的战略和执行包括八个方面：战略意图、市场洞察、创新焦点、业务设计、关键任务、氛围与文化、人才和组织流程。它们的逻辑关系是模型的核心。好的规划应该起于战略，这是战略规划的第一步。然后对市场的洞察就决定了战略思考的深度，因为它能帮助我们清晰地知道未来的机遇和挑战。之后我们要思考的是创新焦点与业务设计，因为创新会为我们捕获更多思路与经验，而业务设计才是战略思考的落脚点。接下来的关键任务是执行的细节，正式的组织流程是确保执行的保障。人才是执行的载体，氛围与文化是对人才动能的激发，从而达到执行的最佳效果。

（一）战略意图

战略意图即组织所设定的方向和最终目标。因此在战略意图领域，我们需要明确企业未来期望达到的高度。企业的愿景、战略目标、战略里程碑以及长期的财务指标等，都是在战略意图明确过程中需要回答的问题。

（二）市场洞察

既然要通过市场洞察来了解客户需求、竞争者的动向，以及为技术发展与市场经营找到新的机遇或提前预估风险，企业就需要关注客户需求的变化、竞争对手的状况、技术发展的趋势、市场结构与经济结构的走势，以及政策与相关法律的变革等。

（三）创新焦点

创新焦点是通过对未来业务、技术、产品与资源的组合，来思考模式的创新。在模式创新中，主要有三种典型模式：第一，产品与市场创新（关注客户和进入市场领域）；第二，业务模式创新（关注业务重建与企业扩张）；第三，运营创新（关注改善核心领域的效能与效率）。举个例子，在产品或服务与市场创新中，我们除了会思考发现创新产品与服务外，还会考虑如何寻找新客户或进入新的市场，以及在新的渠道或交付路径中还能做些什么。这种创新，我们更关注成长。而在运营创新中，我们更关注成本的最佳结构、流程对生产力的改善，以及各职能部门的效率与效能提升。

寻找创新焦点时我们常常会问自己几个问题：新的业务设计能否抓住新的价值？这种价值是否可持续？对客户产生的变化是什么？有没有可替代方

案以满足下一轮的客户需求？

（四）业务设计

战略制定的落脚点是业务设计，包括客户选择、价值主张（我们能给客户带来哪些价值）、价值获取、活动范围、价值持续增值和风险管理六要素。在整体设计过程中，我们必须关注三个问题：我们所提供的产品和服务是否是以客户需求为导向？客户是否认可我们的产品？我们能否帮助客户实现增值和收益？

（五）关键任务

一流的战略需要有一流的执行。战略、市场洞察、创新、业务设计脱离了关键任务管理、组织流程、专业人才与组织文化支持，就变得没有任何意义。关键任务是支持业务设计，尤其是价值主张实现的关键节点。我们要思考更多的执行细节，比如，客户怎么管理？产品营销方案怎么制订？产品开发方案与交付体系如何搭建？平台与服务方案是什么？风险管理与能力如何建设？同时，我们在设计关键流程时，应该考虑一些跟踪节点与考核指标，以确保关键任务有效达成。

（六）组织流程

组织流程是指组织架构与管理体系设计。最需要考虑的问题是资源与权利在组织中的有效分配、组织与人员的角色定位、岗位与能力模型、评价与激励体系、决策流程以及协作机制等，这些主要是人力资源的具体工作。

（七）人才

人才主要包含选人、用人、育人、留人。在选人阶段要考虑胜任能力问题，以确保人岗匹配度。在用人、育人端，要思考管理模式与赋能体系。在留人端，中低级人才更多应思考薪酬战略，高级人才应多思考股权激励。不要过于依赖人才培养，因为在组织内部，人才是通过培养、购买、租借（合作伙伴的资源共享）等多种模式获得的。

（八）氛围与文化

在组织中氛围与文化更多体现在管理行为中。管理行为并没有绝对意义上的对与错。无论管理风格是强制式还是授权式，主要看实际带来的效果如何。从 2023 年的“90 后”“00 后”员工来看，年轻人更喜欢教练式、授权式的管理模式，而大多数成绩优秀的公司最终都形成了开放、授权与共享的组织文化。

四、商业模式构建的常见误区

针对商业模式中一些常见而又容易忽视的问题，《福布斯》杂志总结出了在商业模式构建上容易犯的八个错误。广大企业掌舵人可以以此为参考，拷问一下，我们在构建商业模式时，需要避开哪些误区？

（一）生产一个用户喜欢但不赚钱的产品

企业掌舵人生产了一款看起来很漂亮也很神奇的产品，而且用户群体和目标市场也爱上了这款产品。但如果创业者不能压低成本，或者坚持花费高成本打造一款有价值的产品，而主导市场又不是奢侈品市场，就没有人埋单。显然，这就变成了一个美丽的错误。因此，对于企业掌舵人而言，前期可以不盈利，但还是需要在用户积累基础上实现利润零的突破。

（二）在用户转换成本低廉的市场花费大量费用去获取用户

花费大量费用去获取用户并没有错，但如果企业掌舵人所面向的市场中用户的转换成本过低的话，这种情况投入大量的费用可能会导致很大的风险。因为企业掌舵人花费大量费用获得的用户，可能因为竞争对手提供了一点点价格优惠或更好的体验就离去，转换到对方的产品上。

（三）对购买周期长的用户关注过多

警惕将太多精力放在购买审核周期过长的用户身上，如果他们每次购买量极大，而你也有足够的资金来进行这场持久战的话，那就算特例了。比如，企业掌舵人的产品购买对象主要是政府的话，他们预算充足，但他们的决策过程会很长。因此，企业掌舵人要考虑是否有足够的现金流，来维持项目运转。

（四）花重金在新市场上以求获得市场份额

企业掌舵人进入一个新的市场，首先要做的就是先把这个市场打造（培育）起来，这将是一个花费大量金钱的过程。企业掌舵人不能像走进一个现有市场一样，轻轻松松地迈进新市场。不过也有一种特殊情况：如果企业掌舵人非常善于打持久战，有办法让你的现金流一直维持到市场和用户认可，这时考虑怎样占领市场份额或许可行。

（五）将目标瞄准受限制的市场

尽管企业掌舵人的产品有独特的价值主张，但却有个“看门人”拒你于众多付费用户门外。这个“看门人”可能是个人，也可能是公司，或者其他掌握你市场钥匙的实体组织。他们会尽一切力量阻止创业者进入市场，这是不容忽略的。

（六）在一个快速运作的市场上缓慢前行

当谈及以何种速度进入一个快速运作的市场的时候，技术行业应该是一个很好的例子。过早或过晚进入市场都不合适，因为企业掌舵人将面临这群难以掌控的用户——要么用户不知道产品是什么，即过早进入市场；要么因为有了更好的替代品而对产品失去兴趣，即过晚进入市场。

（七）忽视你的商业模式所处的法律环境

即使是合法经营，即便创业者身披光环无数，也可能会因此陷入各种官司中。如果企业掌舵人的新产品具有开创性，可是现在这个方面还没有健全的法律的话，那就做好准备跟一些传统相关企业，开展一场浩大复杂的战役。

（八）滥用资金的穿透作用

商业模式构建的效用，最终还是看投入产出，当然这个投入产出不仅指资本，也包括人本。这是商业模式构建的根本，而根本一定不是模式形式本身。企业在构建商业模式的过程中，容易为了证明模式的可行性而滥用资金的穿透作用，去联结模式中的主题项目。简单而言，就是为了建模式而建模式，不是为了效果而建模式。

五、商业模式构建为什么难

商业模式构建之难，主要原因有以下三个方面。

（1）一个人无法成为自己没见过的人。对于企业掌舵人，在动态发展中的商业模式构建，特别挑战他的眼界与见识。眼界与见识不同，两者兼备当然妙。双缺或缺一，都使商业模式构建为难。

（2）一个人无法证明人群中的共同盲点。这已经不是在谈企业掌舵人的周哈里窗盲点，也不是在谈企业掌舵人意识到自己盲点之后的心理独行。而是在谈企业掌舵人哪怕已经看清楚了，也难以向自己的董事会成员、股东、创业团队成员证明他们都看不到的盲点。在商业模式未成效之前，企业掌舵人需要用自己的前瞻来引领大家看未来。

（3）一个人无法控制自处的发展趋势。这一点很容易理解，因为自身就处于这个趋势中。读懂这种趋势，顺应这种趋势，运用这种趋势，甚至利用这种趋势，对于个人带动自己去应对较大的挑战是很难的。对于个人带动大家去应对很大的挑战，更难。因为，商业模式构建不是纸上谈兵，而是行动学习。

以上三段中的"无法"，其实对应了觉悟三叶草模型的三个圆：与自己相处，与他人相处，与生态相处。面对这些困难，其中的办法和途径，就是在动态平衡中进行商业模式构建，需要把企业掌舵人这个因素在众多变数中首先确定下来，在不确定环境中作为积极稳定因子，才可能带领企业再次腾飞。

六、企业掌舵人应该如何看待商业模式构建

在企业掌舵人带领商业组织再次腾飞的过程中，商业模式构建是一道必考题。企业掌舵人应该如何看待商业模式构建呢？本书给出十条参考思路。

（1）商业模式构建是需要前提基础的。

（2）商业模式构建的基础，首先是企业掌舵人的自我突破。如果没有企业掌舵人的自我突破，还处于心理独行的状态，商业模式中的关键伙伴，BLM 模型中的领导力等因素就无从谈起。

（3）商业模式构建的基础，其次是利他导向。商业模式没有独赢，更不是零和游戏，而是合力开源的无限游戏。这在利他导向中，创造共同利益。

在觉悟三叶草模型中，自我突破，利他导向，动态平衡，这三者是可以同步进行的。

（4）回顾中篇第十章系统导向的思维模式学习中由时间与空间两种属性延伸而构成的四种思维方式，商业模式构建在系统导向的思维模式中是建立在存在时间先后次序，以及整体看待事件属性为空间边界混沌而不区分的思维方向上的。

（5）关注本篇各章节的关系，商业模式构建需要对企业内部价值链分析到位，即以对内聚焦输出最大化作为前提，才可以内外联系，着手商业模式构建这个内外部平衡联结的经营规划假设。所谓平衡的标准，要有导向性与参照点，这个对内聚焦最大化就是平衡点。

（6）关注本篇各章节的关系，商业模式构建需要对企业外部市场的定位明确，即以对外聚焦输出最大化作为前提，才可以内外联系，着手商业模式构建这个内外部平衡联结的经营规划假设。所谓平衡的标准，要有导向性与参照点，这个对外聚焦最大化就是平衡点。

（7）商业模式构建，其实是对内及对外综合聚焦产出最大化的综合战略布局。这需要循序渐进，要求企业掌舵人对自身以及对商业组织的运作都具备战略定力，一步一个脚印，不断拼图式地构建而成。所谓平衡的标准，要有导向性与参照点，这个内外联合聚焦最大化就是平衡点。

（8）商业模式构建，需要在动态平衡中来考虑三个问题。

①考虑聚焦。无论对内或是对外，还是内外结合，都得聚焦。因为，对于企业而言，资源总是有限的。不聚焦，就会浪费资源，错过时机。

②考虑确定性与概率性。在商业模式画布中，什么由自己做，什么交给关键伙伴做？最重要的因素，就是考虑确定性与概率性。尽量把确定性的事情自己做；不确定存在概率性的事情，交由关键伙伴做。因为一方面，专业的事交给专业的机构完成；另一方面，就算在商业生态中，也要考虑自己在生态的位置。所谓对内及对外综合聚焦产出最大化，也是以自身企业为定位前提的。更何况，自身良性循环未解决，谈商业生态还为时过早。

③考虑整体与局部。商业模式构建很宏观，是整体的事情。可整体是由

各局部组成的，各局部会有强弱之分。正因如此，才把对内聚焦和对外聚焦作为前提。所谓聚焦，就是以强的局部为核心。同理，内外部结合的聚焦，也是以强的局部为核心。

（9）对于再次腾飞的企业，商业模式构建不是终点，还有更进一步的主题。动态平衡，就是各元素间不断适应性调整并成长的过程。当企业把握了当前的平衡点，接下来考虑的是可持续发展。可持续发展，稳健就是新的主题。

（10）假如许多企业都有自己的商业模式，而且互相有交集，那么商业生态就具备了基础。各个追求持续发展的企业，在共同谋求稳健的基础上，就会考虑在彼此交集中加入保障方式，从而向商业生态平衡进发。

第十四章　共利联盟

一、共利联盟

共利联盟是指两个或两个以上的企业，为了一定的目的，通过一定的方式组成的网络式联合体。共利联盟是现代企业组织的一种创新制度。随着经济的发展，企业作为最基本的商业组织单位，其边界越来越模糊。目前，网络式组织已经成为企业组织发展的一种趋势，共利联盟正是具备网络组织的特点。

企业要想获得持久的竞争优势，在市场上立于不败之地，就必须善于利用各种竞争力量，以提高竞争力。企业通过与和自己有共同利益的单位建立共利联盟，彼此之间可以通过加强合作而发挥整体优势。尤其是对竞争者的看法上，这种共利联盟理论，与传统的管理理论有很大不同。以往，企业都是与竞争对手处于势不两立的地位；而今，企业间正探索或实践着，建立共同发展市场的合作关系。

共利联盟的组建动因主要包括以下五个方面。

（一）增强企业实力

企业在激烈的竞争环境之中，要想获得持久的竞争优势，在市场上立于不败之地，就必须善于利用各种资源与方式，以提高竞争力。企业通过与和自己有共同利益的单位建立联盟，彼此之间可以通过加强合作而发挥整体优势。尤其是对竞争者的看法上，共利联盟理论已经超越传统的管理理论，处于更高的商业格局。传统上，企业都是与竞争对手处于势不两立的位置，双方都想采取一切手段将竞争对手挤出市场。联盟关系的建立，促使双方或多方互赖增强实力，向共存共赢方向发展。

（二）扩大市场份额

企业与企业之间通过建立联盟来扩大市场份额，双方可以利用彼此的网络进入新市场，加强产品销售，或者共同举行促销活动来扩大影响。

（三）迅速获取新技术

目前，技术创新和推广的速度越来越快。企业如果不能紧跟技术创新的步伐，就很有可能被市场淘汰。即使规模很大的企业，也存在这方面的压力。而技术创新需要企业有很强的实力和充分的信息，否则很难跟上技术创新的步伐。这就要求具备各种专业特长企业之间的配合，而共利联盟正好可以满足这一要求。

（四）进入国外市场

竞争全球化是市场竞争的一个趋势，这已经为越来越多的企业的共识。企业要谋求全球化发展，仅靠出口产品的方式占领国际市场具有很大局限。现在很多企业也试图在国外生产，国外销售，这一模式也存在着很大问题。国外的经营环境与国内有很大区别，且由于各国法规的限制，对企业的发展有极大制约。因此，通过与进入国的企业建立战略联盟，用合资、合作、特许经营的方式可以有效地解决这一问题。这些优点是在国外直接投资建厂、并购当地企业等做法所不具备的。

（五）降低风险

现代市场竞争瞬息万变，企业经营存在巨大风险。通过共利联盟的方式，可以使企业经营风险大大降低。例如在科技投入方面，由于研究开发费用大，成功率低。即使开发成功，很可能迅速被更先进的技术取代，因此研究开发存在很大的风险。几个企业组建共利联盟共同开发，不仅可以提高成功的概率，而且可以使费用得到分担，迅速回收成本，从而大大降低了风险。

二、共利联盟复合表现形式

作为共利联盟复合表现形式的合作社形式超市，超市所有会员既是客户也是股东。如果会员愿意，还可以经过考核与训练，成为超市员工参加工作。超市运营按企业方式运作，盈利后所得按照企业决策流程确定后，除去保留用于超市发展部分，会按股东即会员消费的贡献比例返还给会员，这就是所谓的消费合作社。

在瑞士，米格罗斯（Migros）和可普（Coop）是两个规模非常大的超市品牌。

米格罗斯的大小超市遍布城乡，集团拥有面点、肉类、罐头、奶制品、鲜活家禽、化妆品、家具等11家生产加工企业。这些企业大部分设在乡间，产品都经过严格的质量检验，员工训练有素。米格罗还有俱乐部学校和培训中心，是目前瑞士最大的成人教育中心。

另一品牌超市可普，由15个地区合作社组成，在瑞士全国拥有1600多家食品店、超级市场、小型市场、加油站、电子产品连锁店等，其中香水商店和家具店中拥有自己的知名品牌。此外，消费合作社还为城乡提供银行和保险服务，为社区居民办食堂、办报刊亭等。

消费合作社既遵循为社员服务的合作社基本宗旨，也不断依据现代企业方式来经营管理。社员向合作社交纳的会费是理事会成员工资和管理资金的来源。合作社管理层运用先进的技术、有效的方法和现代化的经营手段推销乡镇企业的产品和服务。就业机会、能力培训、利益保护，是瑞士消费合作社得以发展壮大的三大因素。

随着经济的发展，瑞士的各类合作社不仅围绕其专业生产逐步实现现代化，同时也具备提供系列化服务的能力。合作社围绕农业生产和农民生活，从农资供应到农产品销售，从信贷、保险到医疗、培训，提供系统性的综合服务，降低了农户生产、生活成本，增加了农户的收入。在这一过程中，瑞士联邦、州、乡镇、合作社和农户共同出资，大大完善了乡村的生产、生活、文化和消费的基础设施。

瑞士政府使合作社具有经济和社会功能的法律地位。合作社法与民法、商法处于并列地位。合作社为农户提供生活必需品，并把社员的产品直接卖到城里的合作社商店。不断发展的城市消费合作社，使城市低收入群体，也能买到价格合理的商品，同时吸纳了城市的资金。

城市消费合作社通过按购买额返利、购买商品打折等形式，将商业流通环节的利润返还社员，维护了低收入消费者的利益，减少了商业资本的盘剥。这种合作社形式不仅受到农民的欢迎，也受到城市普通市民特别是工薪阶层的欢迎。

在世界各地的消费合作社中，瑞士的消费合作社已经发展成为城乡一体的典型，城市居民几乎有一半人口都在消费合作社入股。

城市居民的入股属于储蓄自助性质，入股社员既是消费合作社的出资者、老板，也是其消费者。消费合作社不改变其社员的经济独立性。社员入股股金的所有权仍归个人，而使用权则由集体支配，可谓“私有公用”。在合作社的经营方面，入股社员一人一票，有平等的经营参与权、盈利分配权和监督权。合作社定期公开发布包括社会活动在内的详细的业务和财务报告，接受社员和社会的监督。消费合作社提供的服务，不仅体现在简单的商品供应上，给社员相对高额的利润返还，还在注重产品质量和品牌效益、向社会提供捐款、设立社员退休基金、关注环境和生态保护等方面发挥作用，同时还担当起保护消费者权益的重任。

随着新技术的广泛应用，瑞士的消费合作社不仅实现了从零售向批发、生产、物流环节延伸，而且从分散化、小型化向集约化、大型化、集团化经营发展。由合作社发展起来的米格罗斯、可普两大零售集团，其销售额分别居瑞士全国零售业的第一、第二位。

瑞士的消费合作社在经营上实行公司化运作，使农村合作经济与市场经济更加融合，确实在促进城乡发展中发挥了积极作用。由于合作社经济是一种很有生命力的经营方式，未来在瑞士仍有良好的发展前景。

综观以上合作社实例，我们可以留意到人才流、资金流、物资流、信息流、能源流的五流思维模式贯穿共利联盟的始终。

三、共利联盟应注意的问题

（一）谨慎选择合作伙伴

共利联盟各方关系十分松散，其内部存在市场和行政的双重机制的作用，而非商业并购。因此合作双方能否真诚，对于联盟的成败具有决定性作用。企业在组建共利联盟时，必须选择真正有合作诚意的伙伴。

（二）建立合适的商业组织关系

共利联盟是一种网络式的组织结构，不同于传统企业的层级式组织。因此，对其管理与传统组织有不同的要求。企业在联盟设计之初，应该针对合作的具体情况，确定合理的组织关系，对各方的责、权、利进行明确界定，防止由于组织不合理而影响其正常运作。

（三）加强沟通

共利联盟各方由于相对独立，因此彼此之间的组织结构、企业文化、管理风格有很大的不同，尤其是跨国界的联盟在这一方面表现更加突出，这对双方的沟通、合作造成了一定的影响。在联盟内部，合作各方良好的沟通与协作，对于联盟的成败产生重要影响。许多联盟的失败，都是由于各方缺乏沟通所致，因此各方应该有意识地加强沟通。

（四）建立周期审核制度

“共利联盟”是下篇“动态平衡”方向中的第四层次。既然是企业在动态发展中的态势，就不会一成不变。共利联盟建立周期性的审核制度，一方面可以定期复盘，找到可以优化的机会点；另一方面，如果发现联盟方彼此已失去当初的合作基础，就及时解除联盟。正因如此，为了更好地分离，企业应该在建立共利联盟时，就确定周期审核制度。否则，等发现裂痕时再提出，要么彼此尴尬不好提出，要么某一方会因为既得利益而不愿意。所以，建立周期审核制度很有必要。

四、共利联盟的动态管理

在共利联盟条件下，企业合作管理具有动态性：一方面，就单个合作要素而言，随着共利联盟生命周期的演化，单个要素会有一个变化的过程，其对企业合作绩效的影响也会发生变化；另一方面，就特定的共利联盟阶段而言，每一个联盟生命周期阶段都存在一个对合作绩效影响显著的关键要素，企业应针对这一关键要素进行重点管理。

（1）企业共利联盟的协商期，环境要素对企业合作绩效的影响较大。企业重点关注外部环境对合作的影响，以及如何选择合作伙伴。这一阶段，企业对于具体的合作方选择和项目实施的积极性不高。各合作方关注的关键问题，在于合作关系的初步建立和维护，这是下一步合作的基础。

（2）企业共利联盟的成长期，主体要素对企业合作绩效的影响较大。这一阶段，企业进行合作活动的动力较强，积极性较高。与协商期相比较，成长期的企业合作管理重点，发生了较大变化。各合作方在前期沟通和交流的基础上，其合作和信任关系取得了长足发展，各合作方开始进入实质性合作阶段，重点关注合作项目的实施。在这一过程中，合作企业的准备和条件、合作的意愿等要素，对于企业合作绩效的影响较大。

（3）企业共利联盟的成熟期，这一时期对企业合作绩效的影响较大。成熟期的共利联盟中，合作企业之间的关系较为紧密，企业之间的信任度较高，合作的“软环境”比较好。因此，各合作方开始对合作的“硬件”高度重视，其关注的焦点是如何选择更好的合作方式，产生更高的合作收益和绩效。

（4）企业共利联盟的蜕变期，沟通要素对企业合作绩效的影响较大。由于这一阶段的共利联盟为合作企业所提供的外部环境和氛围并不利于合作过程的推进和绩效的提升，各合作方会产生较多的矛盾和冲突。这既包括利益分配上的，也包括合作执行、项目选择等方面。但是无论哪种冲突和矛盾，此时各合作方的焦点都是如何通过积极的接触和沟通化解各类冲突，顺利地完成和结束合作的各项工作。

五、关联地看待共利联盟

回顾中篇第十章“系统导向”的思维方向学习中，由时间与空间两种属性延伸而构成的四种思维方式。共利联盟在系统导向的思维方向中的位置是建立在关注某一时间段，无视时间先后次序，视该阶段为彼此处于时间并列状态；而空间边界不明确，是处于整体混沌状态。

第十章“系统导向”提出了人才流、资金流、物资流、信息流、能源流“五流”思维方式概念。看待共利联盟，可以分析各种联盟的核心，分别是“五流”思维方式中的什么主题，进一步思考是“五流”思维方式中的哪些不同主题的结合。

“共利联盟”是“动态平衡”篇方向中的第四层次。动态平衡的前四层主题具有渐进性：价值链锚考虑的是企业内部运作的聚焦最大化；市场定位考虑的是企业外部运作的聚焦最大化；商业模式构建考虑的是企业内外部结合运作的聚焦最大化；共利联盟考虑的是企业本身与利益同盟者联合的聚焦最大化。

本篇都是从企业本身出发，为特定商业组织的自身系统服务的。但每一层的递进都在升阶地向商业生态方向发展。可以设想，如果大量的企业都升阶地走向成熟，而且企业之间又逐渐形成共利联盟，那么商业生态的基础就在稳定坚实的形成中。

共利联盟的实践过程绝不只是思维游戏，更是实际行动，是企业掌舵人带领其商业组织不断发展的历程。这个过程，也是企业掌舵人格局不断提升的过程。

第十五章　商业生态平衡

一、认识商业生态系统

美国学者詹姆士·穆尔（James F.Moore）于1996年出版的《竞争的衰亡》，标志着竞争战略理论的指导思想发生了重大突破。在书中，作者以生物学中的生态系统这一独特的视角，来描述当今市场中的企业活动。但这种观念不同于将生物学原理运用于商业研究的狭隘观念。狭隘的“适者生存”观念认为，在市场经济中，达尔文的自然选择似乎仅仅表现为最合适的公司或产品才能生存，经济运行的过程就是驱逐弱者。

1993年，穆尔在《哈佛商业评论》中首次提出了“商业生态系统”（Business Ecosystem）概念，这一全新的概念，打破了传统的以行业划分为前提的竞争战略理论的限制，力求“共同进化”。这个理论改变了原先人们心目中的企业与企业之间、企业与部门之间乃至企业与顾客之间、企业与销售商之间都存在一系列的冲突的观念。

所谓商业生态系统，是指以商业组织和个人（商业世界中的有机体）的相互作用为基础的经济联合体，是以供应商、生产商、销售商、市场中介、投资商、政府、消费者等为中心组成的群体。他们在一个商业生态系统中具有不同的功能，各司其职，但又形成互赖、互依、共生的生态系统。

在这一商业生态系统中，虽有不同的利益驱动，但身在其中的商业组织和个人互利共存，资源共享，注重社会、经济、环境综合效益，共同维持系统的延续和发展。商业生态系统的组成部分是多元化的。穆尔建议高层经理人员要经常从顾客、市场、产品、过程、组织、风险承担者、政府+社会这七个方面来考虑商业生态系统和自身所处的位置。系统内的公司通过竞争可以将毫不相关的贡献者联系起来，创造一种崭新的商业模式。在这种全新的模式下，制订战略应着眼于创造新的微观经济和财富，即以发展新的循环，来代替狭隘的以行业为基础的战略设计。

二、商业生态系统的特征

商业生态系统作为一种新型的企业网络，不仅具有企业网络的一般特征，还具有以下六个重要特征。

（一）商业生态系统建立在企业生态位分离的基础上

所谓生态位，是一个生物单位对资源的利用和对环境适应性的总和。当两个生物利用同一资源或共同占有同一环境时，就会出现生态位重叠。由此，竞争就出现了。其结果是这两个生物不能占用相同的生态位，需要产生生态位的分离。商业世界也一样。企业对资源的需求越相似，产品和市场基础越相近，他们之间生态位的重叠程度就越大，竞争就越激烈。因此，企业必须具备与其他企业不尽相同的生存能力和技巧，找到最能发挥自己作用的位置，实现企业生态位的分离。企业生态位的分离不仅减少了竞争，更重要的是为企业间功能耦合的形成提供了条件。

（二）商业生态系统强调多样性

多样性概念来源于生态学。生态系统中，各类生物在环境中各自扮演着重要角色。通过物种与物种之间、生物与环境之间的摄食依存关系，自然界形成了多条完整的食物链，并构成了复杂的食物网，进行生态圈内物质流动与能量传输的良性循环。食物链的断裂，将极大地影响系统功能的发挥。

多样性对于商业生态系统非常重要。多样性对于企业应对不确定性环境发挥缓冲作用。多样性有利于商业生态系统价值的创造，多样性也是商业生态系统实现自组织的先决条件。

（三）关键成员对于保持系统的健康具有重要作用

在商业生态系统中，关键企业对于系统抵抗外界的干扰起非常重要的作用。因为它所支持的多样性在遇到外界干扰时，发挥缓冲器的作用，从而保护了商业生态系统的结构、生产力和多样性。

比如改革开放初期，我们的企业最主要做的就是来料加工，或者以廉价劳动力生产为主的各行各业。这些企业就是当时商业生态的关键成员。

（四）商业系统的运作或动力来自系统内部各要素或各子系统间的相互作用

自主地、自发地通过子系统相互作用而产生系统规则，这是协同学科最根本的思想和方法。这种思想启示我们：复杂性模式的出现，实际上是通过底层（或低层次）子系统的竞争和协同作用产生的，而非外部指令。系统内部各子系统通过竞争而协同，从而使竞争中的一种或几种趋势优势化，因此支配整个系统从无序走向有序。商业生态系统是一个复杂的适应性系统，在一定规则下，不同种类自我管理的个体相互作用，推动着系统向更高层次有序进化。

（五）商业生态系统呈现网络状

虚拟商业生态系统具有模糊的边界，网络状结构尤为明显。商业生态系统具有模糊的边界，主要体现在两个方面：首先，每一个商业生态系统内部均包含着众多的小商业生态系统，同时它本身又是一个更大的商业生态系统的一部分，其边界根据实际需要而定。其次，某一企业可同时在多个商业生态系统中生存。

（六）商业生态系统具有自组织特征，并通过自组织不断进化

商业环境不断地发生变化，对于商业生态系统来说，只要条件满足，自组织就不会停息，会随环境不断进化。站在企业生态系统均衡演化的层面，穆尔认为，一个商业生态系统的建立，需要四个独立的阶段：开拓、扩展、领导和更新。

第一阶段是开拓生态系统，即汇集各种能力，创造关键的产品。第二阶段是生态系统的扩展阶段。从协作关系的核心开始，在不断增长的规模和范围内投资，并在所开发的市场中建立核心团体。第三阶段是对生态系统的领导。商业组织和个人必须为生态系统整体发展做出贡献，这样才能保证在所建立起来的商业生态系统中具有权威性。第四阶段是生态系统的自我更新或消亡。在建立起自己的商业生态系统后，必须寻找新的方法，为旧的秩序注入新观念，以保持系统的旺盛生命力，避免消亡。

建立商业生态系统的整个过程，需要应对四个方面的挑战。第一，建立系统和有序的共生关系，创建真正有价值的东西。第二，建立核心团体，在可利用的顾客、市场、同盟和供应商中扩展生态系统。第三，在精心锻造的生态系统中保持权威。第四，确保商业生态系统持续不断地改进性能，防止衰退。

生态系统在进化过程中所面临的考验是无时不在的。因此，商业组织和个人必须考虑所在商业生态系统，目前处于进化中的哪个阶段，以及如何利用所在的大商业生态系统，来勾画自己的小商业生态系统。

三、商业生态的三维度

商业生态系统本身就包含两种属性：第一，自然自发的各方合力而成的生态系统属性，具体表现为市场效应。尽管市场效应会有失灵的可能性，但市场这只“无形的手”一直在发挥作用。第二，由规划导向而形成的生态系统属性，具体表现为行政干预。无论哪里的市场，政府这只“有形的手”，事实上一直在发挥作用。

这两种属性的综合效应，应该使商业生态向健康、平衡发展，向利于国计民生的方向发展。

引领商业组织再次腾飞的企业掌舵人，可以从以下三个维度来学习商业生态平衡：第一，立足商业生态系统平衡的实施方，即布局经营企业的常见表现形式；第二，立足商业生态系统平衡的体验方，即消费客户的需求趋势；第三，立足商业生态系统的监管方，即干预引导治理的常见原则与思路。

以上三个立足点，依照次序可以对应本书觉悟三叶草领导力的三个相处：与自己相处，与他人相处，与生态相处。

第一，以上布局经营企业，可以对应联系自然生态系统的生产者的作用；第二，以上消费客户，可以对应联系自然生态系统的消费者作用；第三，以上干预引导治理，可以对应联系自然生态系统的还原者的作用；第四，以上所述市场效应与行政干预两种属性的综合影响，可以对应联系自然生态系统的综合环境因素。

这样的对应联系，是为了形成结构性思维作对比理解。而自然生态系统中基本构成的生物机理与自然科学的关系，以及商业生态系统中各个观察视角的商业机理与社会科学关系，各自性质存在差异。

以上四个对应联系：第四个对应联系已在本小节中的“无形的手”与“有形的手”比喻中阐述。另外三个对应联系将在后续阐述。

企业掌舵人学习如何全面且透彻地看待商业生态系统平衡，是为了遵循它，而不是驾驭它。企业掌舵人个人与企业本身，相对于整个系统实在太微小了，只能适应而无法改变。然而，读懂商业生态系统及其平衡发展，对于企业掌舵人探索自己的盲区从而扩大格局，寻求并实现与创业团队的共同意愿，顺应并配合发展趋势，使企业再次腾飞，具有重要作用。

四、从企业方看待平衡

企业在经营发展中，布局自身的商业生态，要拓展自己的格局。

关于交易对象的广度，哈佛商学院教授迈克尔·波特（Michael E.Porter）提出过一个经典的“五力模型”，第一，供应商的议价能力；第二，购买者的议价能力；第三，潜在竞争者的进入壁垒；第四，替代品的替代能力；第五，现存竞争者的竞争能力。这五者都可能影响的竞争环境与利润构成。企业每多看到一方，并妥当处理与之的相互关系，企业就多一分合作的可能，多一些竞争的打法。自然，企业战略的格局也更大。

关于交易频次，比如，居家附近的街坊店铺，大概率更在乎回头客，追求客户今天满意，明天再来。回头客越多，生意越稳定。这种经营理念，旨在通过薄利长销而获得客户的心理契约，对同一客户换取更多频次的交易。

关于交易产品的深度，我们来回想一下直播间购物的场景。其实直播间销售的吸引力远不只主播个人的影响力，直播间推动销售额的动力还来自产品的结构。产品是如何打开局面的？常见的情况是这样的，你刷到一个直播间，发现2元秒杀的方形毛巾，于是点击购买给自己用。然后又发现20元的长绒浴巾也很合算，于是决定买一条给孩子用。这时，主播又开始介绍200元的洗涤套装，于是又买了全家用。2元的毛巾是引流品，可能亏钱，却能把客户吸引进直播间；20元的浴巾是福利品，性价比非常高，能让客户在直播间多停留一会儿；200元的洗涤套装是利润品，就算只有部分客户购买，也能把整体利润带起来。类别不同，价位不同，功能不同的产品，被有策略地组合在一起，客户订单的综合平均交易额，就完全不一样了，这就是产品深度。

企业的格局，就是对商业生态的综合平衡布局。企业的格局，从商业的底层逻辑看，就是企业掌舵人愿意在多大范围里与交易方交易。这包含交易对象的广度、交易的频次、交易产品的深度。做好以上任何一个组成部分，企业都有可能运用商业生态平衡的机会，达到新的突破。

再进一步，综合运用这三个组成部分，则有机会让企业构建以自身商业组织价值链锚为发展核心，以市场定位为布局延伸，以商业模式构建为影响边界，以共利联盟为利益关系的全面商业生态，并在把握商业生态平衡中，稳健且可持续地创造社会价值。

五、从客户方看待平衡

在商业生态平衡条件下，在一定周期与空间范围内，客户是可能实现不受时间和小因素局限，朝着自由、自担的合适平衡方向，与自然生态各元素融为一体而体验、消费、互动的。

这种消费者与商业生态各元素融为一体的体验、消费、互动，有一个对应的概念，叫作价值共创。

价值共创是由印度管理学者普拉哈拉德（Prahalad）提出的。企业未来的竞争将依赖于一种新的价值创造方法——以个体为中心，由消费者与企业共同创造价值的理论。传统的价值创造观点认为，价值是由企业创造，通过交换传递给大众消费者的。消费者不是价值的创造者，而是价值的使用者或受用者。随着环境的变化，消费者的角色发生了很大变化，消费者不再是消极的购买者，而是转变为积极的参与者。消费者积极参与企业的研发、设计和生产，以及在消费领域贡献自己的知识技能，会创造更好的消费体验。这些都说明价值不仅来源于生产者，而且建立在消费者参与的基础上，即来源于消费者与企业或其他相关利益者的共同创造，且价值最终是由消费者来决定的。

价值共创，对企业和消费者都具有重要意义。通过让消费者参与价值共创，帮助企业提高服务质量、降低成本、提高效率、发现市场机会、发明新产品、改进现有产品、提高品牌知名度、提升品牌价值等做法，能够构建企业区别于其他竞争对手的竞争优势。消费者通过参与价值共创，可以获得自己满意的产品，获得成就感、荣誉感或奖励，通过整个价值共创的交互获得独特的体验等。消费者的这些收获进一步对企业产生影响，如提高顾客的满意度、忠诚度、购买意愿等。

目前，这种消费者参与价值共创的商业例子很常见。照片式定制日历，税务部门作为客户与软件提供商共创程序，车主设计爱车功能并由厂商实现，等等，都体现了客户参与，并发展了商业生态平衡的内涵。

这其中的趋势，就是用户与企业共创价值的过程中，缔造商业生态的动态平衡。以往，企业管理咨询服务的本质只有两种：要么提供专业指导，要么承担责任外判。前者，乙方说了算。这种情况下，乙方常常既当运动员，又当裁判员，因为专业主导。后者，甲方说了算。这种情况下，甲方常常既是导演，又是观众，因为结果主导。

如今，甲乙双方可以通过教练互动的方式来进行咨询服务。这种方式，关注过程大于结果。而这个过程就是一种发展而来的共创价值方式。接受服务的客户方与提供服务的顾问方，都可以为其商业生态平衡做出贡献。

六、从治理方看待平衡

从理论上讲，每一个区域的商业发展都有自身的规律，发展的最终目的是追求一种人与自然、人与商业、业态与业态、业态与其他人文商业环境等之间的和谐，从而达到生态的平衡。而治理方围绕这个平衡导向，需要以“三公”为原则，即公开、公平、公正地开展工作。公开、公平和公正的顺序应该是：先要保障公开规则，推动产生公平竞争，确保公众权益得到保护，然后才能公正执行规则与标准。

公开原则的要义，就是“公开”制订有关的规则与标准，确保管理活动和制度的指向性和合法性。信息要公开披露，公开信息必须真实、准确、完整，不得有虚假陈述、重大遗漏或者误导性陈述。所谓公开，包括时间标准与空间标准。时间标准，就是在执行时间之前公开规则，而不是在执行中或执行后才公开规则。空间标准，就是对所有执行区域和执行对象都公开规则，而不是只对部分执行区域和部分执行对象公开规则。否则，公平就无从谈起。

公平原则的要义，就是要营造公平的氛围，打造公平的环境，确保管理活动和制度的公平性，提高人的公平感。使各个参与者在法律上享有平等地位，不受歧视，有平等的机会，公平参加竞争。商业生态平衡的公平原则，逻辑上有竞争、机会、结果和系统四种方向。

（1）竞争平等（Reality）。三个人隔着围栏看球赛。高个、中个、矮个凭自己的体格实力争夺木箱来垫脚。由于三个人身高不同，三个人争夺的结果不同（高个身材高大，夺得比自己需要的量更多的木箱垫脚；中个身材中等，夺得一个木箱垫脚，正好是自己需要的量；矮个身材矮小，没有夺得木箱垫脚，当然低于自己需要的量）。竞争平等，就是丛林法则，不予支持，优胜劣汰。从这个角度来说，三个人是平等的。

（2）机会平等（Equality）。三个人隔着围栏看球赛。高个、中个、矮个每个人都有一个相同的木箱垫脚。由于三个人身高不同，所以能观看到的视野也不同（高个看球赛毫无压力，中个勉强能看到，矮个即使垫了一个木箱也看不到）。机会平等的原则，不考虑个体差异，强调给予每个个体均等的支持。从这个角度来说，三个人是平等的。

（3）结果平等（Equity）。三个人隔着围栏看球赛。高个、中个、矮个每个人都可以获得一定数量的木箱而不被围栏遮挡的看球赛。由于三个人身高不同，所给予的支持有差异（高个身材高大，不提供木箱垫脚就能观赛；中个身材中等，要提供一个木箱垫脚才能观赛；矮个身材矮小，要提供两个木箱垫脚才能观赛）。结果平等的原则，考虑个体差异，强调给予每个个体相应需要的支持。从这个角度来说，三个人是平等的。

（4）系统平等（Justice）。三个人不隔着围栏看球赛。高个、中个、矮个都可以直接看到比赛。三个人身高不同，也不影响观赛。因为不公平的原因得到了解决，系统性的障碍被消除了。很明显，围栏象征着系统性障碍。很多时候造成不公平的根源就是系统性障碍，导致资源有限。系统平等是理想主义，正义的使命就是彻底消除系统性障碍。从这个角度来说，三个人是平等的。

四种平等，按序列从一到四，推动的技术难度逐渐增加，推动的动力不断减少。因为，维护既得利益是人性，弱势群体具备动力但影响力小，追求理想主义只占少数。所以，需要治理方带领去创建更高级别的商业生态平衡。

公正原则的要义，就是通过公正的“执法”（规则与标准）过程，确保管理活动和制度的有效性和一致性，公正对待市场参与者，同样保护他们的合法权益，让他们同等享受权利和承担责任。这是公开原则中，时间与空间标准的统一落地与闭环。假如不能够公正执行，也就无法继续实施公开原则。同理，如果不是以公开原则为前提，那么用结果去寻原因的做法，公平原则中的每一条，都可能成为事后待选的合理解释。这么做，也就失去了公正的实质意义。

由此可见，治理方对商业生态平衡的把控，必然是要以处理与应对社会主要矛盾为导向，把公开、公平、公正原则做到位的。

【篇跋回甘】

回顾全篇：

第十一章价值链锚，讲的是企业运作对内最大化。第十二章市场定位，讲的是企业运作对外最大化。面对市场竞争对手，企业要明确领跑者、追赶者、追随者、补充者，甚至立足重新定位的行业颠覆者的各自角色关系。第十三章商业模式，讲的是企业运作对内对外结合最大化。通过业务领导力模型的设计与实践构建，打造适合自身的运营商业模式，实现模式中特定区域的合力价值叠加，从而形成投入与产出的良性循环。第十四章共利联盟，讲的是企业本身与利益同盟体联合的聚焦最大化。通过“五流”思维方式（人才流、资金流、物资流、信息流、能源流）为枢纽的利益联盟，推动商业运作演化，从而实现可持续发展。第十五章商业生态平衡通过商业生态三维度（企业方、客户方、治理方）全面地分析看待系统平衡的推动力，解读并遵循发展规律，从而把握动态趋势，使企业更好地与商业生态系统互相依存。

相互平衡概念的提出，高屋建瓴。必须明确平衡点的导向聚焦，否则就相当于一句空话。因此，以上五章讲的五个最大化指向就成为关键。那么问题来了，这五个导向所指是不同的，而且所指还在不断地升阶。究竟哪一个才是标准答案呢？破解之道在于：第一，立足点都是企业本身；第二，要视企业实际发展规模阶段定位，选择对应导向聚焦，动态平衡概念要关注“动态”；第三，进一步根据企业掌舵人眼界、见识、格局而锁定目标平衡点的内涵，动态平衡概念要关注“平衡”。

我们都听过人生境界三阶段的描述：看山就是山；看山不是山；看山还是山。如果我们知道认知的终点在哪里，我们可不可以越过“看山不是山”的过程，直奔“看山还是山”呢?

对于职场中的一般雇员，职位有高低之分，薪酬有高低之分，但眼界与见识不因此而有高低之分。虽然每个人干着重复的工作，但是眼和心要能看更远才可以。同理，作为企业掌舵人更应如此。

但是，这仅仅是看到，而不是做到。如果要做到，中间那段看似无效的弯路不可忽略。中间的过程，就是聚焦当下的实践，是一个量变到质变的过程。也就是说，一步一个脚印，绝不可或缺。倘若缺失了，看山还是山状态中的“还是”就出不来了。这一点，企业掌舵人要去觉悟领会。

在某种意义上，企业掌舵人可以分为三类。第一类是做自己喜欢做的事。我们常听到，人生以快乐为本，做自己喜欢的事就好。这些话是粗浅的，关注的仅是自己的喜恶情绪感受。第二类是做自己应该做的事。这类人从目标出发，愿意调整自己，为达到目标而付出代价。这类人，往往对投入产出的计算是比较精确的。第三类是没有“我”的存在。这类人以使命导向为出发点，不计较个人得失。不去计较，不是真的不计较，而是他的出发点本就是平衡导向，所以无须计较。

第三类人在企业掌舵人行列中，因为把握动态平衡的概率最高，也最可能带领商业组织再次腾飞。

【卷跋回甘】

回望开卷旨趣，我们谈到，觉悟三叶草领导力模型三个方向的各层次，对于每一位学习者而言，好比各自独特的雷达图，因人而异，同一人因时因境而异。所以，每个人修炼的次序，是可以按自己的需要而选择的。

此刻，我们一起来回望觉悟三叶草领导力模型（自我突破 + 利他导向 + 动态平衡）三个方向的两个“布袋口”。所谓两个布袋口，就是三个方向的起点层次连成一个布袋口，三个方向的末点层次连成另一个布袋口。具体表现为：无知之知 + 客户导向 + 价值链锚，是布袋口的一端；传承迭代 + 系统导向 + 商业生态平衡，是布袋口的另一端。联系实际的企业运作，企业掌舵人的成长之路，不就是从布袋口这一端延伸到布袋口的另一端吗？尽管每个人的具体修炼之路各有不同，但各自的起点端与末点端是共通的。而且，整个觉悟三叶草领导力模型就如一张布，被起点端与末点端的两个纲要整合成一个类似布袋的立体。这个立体，把企业掌舵人带领商业组织再次腾飞所要学习修炼的内容囊括其中。

觉悟三叶草领导力模型究竟给我们提供了什么？是应对具体问题的解决方案吗？不是提供了具体方案，而是提供了找到适合自己企业具体方案的剖析视角，是理性思路和思维模式。

读此书的作用，就好比工具书。在图书馆，通常有三类工具书：第一类，字典。如《新华字典》，每遇到生字词，人们就会去翻查。关键的前提在于使用者掌握了查字词典的方法。第二类，生活指导书。如《培根论人生》，每遇人生困惑，人们就会去翻阅。关键的前提在于使用者掌握了生活焦点的判断方法。第三类，哲学类书籍。如《道德经》，每遇人生困惑时，人们就会去翻阅。关键的前提在于使用者具备无知之知，会向自己的底层逻辑质疑和反思。后两种工具书，都没有在人们困惑时直接提供具体答案，提供的是找到答案的剖析视角、理性思路与思维模式。希望觉悟三叶草领导力模型可以为带领商业组织再次腾飞的企业掌舵人提供指引。

面对同样的工具书，用工具书的人，用工具书的人的觉悟，用工具书的人的觉悟通道——言思行体系就成为关键。这其中的端倪，请看以下情境故事：

一群朋友，扶老携幼同登崂山。大家行进间远眺前方山谷竖起一面吊旗，横向绣着两个字。但因旗帜招展兼山雾缭绕，大家无法看清偏旁，只能看到两字各自的半边分别是“见”和“少”，更无法判断该从左到右读还是自右向左读。一场讨论随之展开。

“应该是’观妙’吧，是道家的一种修炼，附近应该有间道观。”率先发言的是一位推崇道法自然的长者。

“可能是‘炒蚬’吧，我早就饿了，山中可能随处有美食。”接着发话的是一位美食家。

“难道是‘枧砂’？仓库已缺货一周了，我下的订单明天就到货。”自言自语的是一位实干办厂的创业者。

“估计是‘秒靓’吧，旅游区到处都有为游客拍照立取的服务。”随后插话的是一位专职家庭主妇。

“或许是‘现钞’吧，山里人收钱不爱刷卡。”说话的是一位在读大学生，他把大家逗乐了。

“希望是‘妙砚’吧，此山就是出品砚台好石料的产地。”这次发声的是一位酷爱书法的公务员。

……人生往往如此：明明都在同一条道上走，却各有不同的展望希冀，即使到达那个相同的终点，也会因为途中想法的多样而影响了各自的体会……

大家走过一段颇为漫长的崎岖山路，却没忘却沿途的讨论。渐渐地，真正的答案浮现眼前："现炒"——绿茶。

所谓觉悟，"觉"来自体验觉察，"悟"来自融通感悟。觉悟，不可能只来自思考，也不可能只来自体验。体验与思考，都不可少。同样的体验，不同的人会有不同的感悟。主动修炼而促进心智层面的觉悟产生，才可能进一步用好工具书。所以，大家走过漫漫人生路后，再重新翻阅那些工具书，尤其是第二类和第三类工具书，感受与获得的领悟启发是区别于以前的。

那么，觉悟通道——言思行体系又是什么呢？就是言思行的真与实之道。这其实是获得觉悟的必由之路。

人的言思行一致：

与记忆能力，非主因相关，因记忆好时三者仍可能不一致；

与表达能力，非主因相关，因表达好时三者仍可能不一致；

与行动能力，非主因相关，因行动好时三者仍可能不一致。

当被质疑言思行不一致时，莫再归因记忆表达行动力，应去直击心智中的根本原因。

人的言思行一致：

与其真实性，是主因相关。

真和实不同：

想的和说的一致，属主观，是真。

说的和做的一致，属客观，是实。

不真不实例子：

诈骗，布局实施洗脑，虚构共识……

真而不实例子：

自以为是，以讹传讹，思行不一……

实而不真例子：

卧底，断章取义，避重就轻……

既真且实例子：

承认事实，承担责任，兑现承诺……

不真不实，避而远之。

真而不实，自欺欺人。

实而不真，另有所图。

既真且实，弥足珍贵。

企业掌舵人因为面对并承担着两大挑战：第一，如何使企业在自己手上续航迭代发展是自己对商业组织的使命；第二，中国正经历百年未有之大变局，企业掌舵人如何透彻地认知自我，进而及时自处以实现自身意义，是无法逃避的责任。所以，企业掌舵人必须做到既真且实是对自己领导的企业负起责任。

只有笃行真与实之道，才可能在其中达成觉悟。学习觉悟三叶草领导力，真与实是法门。为改善与自己相处，与他人相处，与生态相处，需要修炼言思行的一致。修炼自我突破 + 利他导向 + 动态平衡三个方向的各个层次，真与实是基本前提。最后，本书用“纸上得来终觉浅，行中悟出始知深。”与大家共勉。

致　谢

本书是笔者对自己过去近三十年从事企业经营管理工作和领导力发展咨询服务中，关于对企业掌舵人成长的思考与总结。

首先，感谢过去促发我思考、历练、成熟的每一位老师、同事、同行、客户以及合作团队成员。没有你们，就不会有我的成长。

其次，感谢张伟钢先生 2004 年 2 月与我在中国香港，对创作本书的约定；感谢唐先双先生，触发我对本书的写作动机；感谢段凤鸣先生，提议我写作本书，参与本书的创作交流互动，帮我把会议发言整理为文字稿件；感谢吴伟瑞先生、李洋先生、莫志成先生与我讨论互动，推动我思路开阔，获得启发；感谢孟清雅女士在出版方面提供的建议，感谢韩瑞玲女士与胡海波先生对我写作的鼓励。

再次，感谢樊登先生与张伟钢先生为本书撰写推荐序。

最后，感谢家人对我撰写本书在精神上与生活上的支持和帮助。

感谢有了你们的推动，使我体验并领悟到写作上的三点不同：一是把写作当作责任与任务的不同；二是独著写作与合著写作的不同；三是写书与编书的不同。

薛庆丰

2024 年 2 月

致读者

感谢您对本书的支持。希望本书能够在您感到困惑而驻足思考时，提供参考与指引，推动互相学习进步。